Conociendo La Agenda Divina para Mi Vida

Apóstol Drs. Marcelino & María Eugenia Sojo

"Sembrando una Poderosa Semilla en
Genuinos Ganadores con Propósito Eterno..."

BW Media Intl., Charlotte, NC. USA

Introducción.

Una de las batallas más fuerte que vive el ser humano, es la lucha contra la cultura de perder. Lo que Dios me ha ministrado en este libro de expansión y crecimiento, es que en treinta días del estudio, de tus raíces, y del estudio, de la agenda de Dios para tu vida desde antes de la fundación del mundo, logremos que se cumpla cada palabra escrita por la mano de Dios en tu vida. Usted nunca fue hecho perdedor, Dios desde sus orígenes le hizo ganador, su vida está escrita como ganador, cuando Dios piensa en usted jamás lo ve perdiendo, Dios todo el tiempo lo ve ganando, porque Dios lo hizo ganador.

Ahora, la gran batalla de los humanos, viene ligada a la lucha contra la cultura de perder, que apareció en el pensamiento, después de la caída del hombre, por el pecado. Cada palabra que usted encuentra aquí en este libro, es de rompimiento, para que usted pase a otro nivel y que comience a pensar conforme a los pensamientos de Dios. Es decisivo que por la fe usted derrote el temor, la inseguridad y la duda; de modo que usted pueda vivir con fuerza, y libertad con su Dios, el cual le hizo en gloria superior.

A través de esta ministracion, usted nunca jamás vera el perder, ni el fracaso como normal, porque por el poder de la redención en Cristo, usted apelara al éxito, a la paz familiar, a la victoria financiera, al triunfo en la salud, al crecimiento y victoria ministerial.

Efectuando este tratamiento profético, todo lo que es pérdida ministerial desaparecerá de su vida, para siempre. Nunca jamás, usted aceptara el perder como normal, porque usted se profundizará, en el poder de la gloria superior, por Jesucristo, Amen.

 **Semana 1 día 1**

Conociendo el Poder de la Gloria Superior

Naciste para Ganar

¡Cuán preciosos me son, oh Dios, tus pensamientos!
¡Cuán grande es la suma de ellos! Si los enumero,
se multiplican más que la arena;
Despierto, y aún estoy contigo.
Salmo 139:17 y 18.

Verdad Profunda

En la mente del eterno creador, tú eres ganador! y eso es aún desde antes de la fundación del mundo, por lo tanto perder no es normal, nunca lo aceptes, tú estás Predestinado para Ganar.

Eres el diseño divino

Porque a los que antes conoció, también los predestinó para que fuesen hechos conformes a la imagen de su Hijo, para que él sea el primogénito entre muchos hermanos. Romanos 8.29.

Semilla Eterna

Los pensamientos de Dios acerca de ti; nunca se quedaran sin cumplirse, porque son palabras vivas que se multiplican más que la arena del mar.

Cuando Dios te hizo en la eternidad, El fijó pensamientos perfectos respecto a ti, y de las funciones que tú desarrollarías en esta tierra. Entender esto tan grande es la clave que te hará romper con la dependencia de todo lo temporal. Romperás con las cosas negativas que te enfrentes y siempre las vencerás. Dios te hizo en la eternidad!, antes de la fundación del mundo, con propósito eterno, nunca para perder, siempre para ganar.

Romanos 8:29, dice: que fuiste hecho en la mente de Dios antes de la fundación del mundo, y que Jesús es nuestro ejemplo eterno a seguir, ya que es el primero de muchos hermanos, es decir, después de Jesús usted.

La Gloria Superior.

Existe una gloria, antes de que el mundo fuese, y esa es la gloria que hay que apelar, porque allí está lo perfecto de tu destino.

> *Ahora pues, Padre, glorifícame tú al lado tuyo,*
> *con aquella gloria que tuve contigo*
> *antes que el mundo fuese.*
> Juan 17:5.

Lo malo que tú has recibido no es lo verdadero. Lo único cierto acerca de ti, está en la mente del eterno. Dios te hizo desde antes de la fundación del mundo para ganar.

Si Jesús, apeló a esa gloria superior en momentos de presión, es necesario que nosotros clamemos y reconozcamos, que hay un nivel mayor de gloria hecho para nosotros y debemos apelar también. Es decir, cuando Dios te hizo antes de la fundación del mundo, siempre te hizo con una gloria superior. Tu diseñador te concibió para cumplir una misión extraordinaria en la tierra.

No te sorprendas, hay más.

> *¡Cuán preciosos, me son, oh Dios, tus pensamientos!*
> *¡Cuán grande es la suma de ellos! Si los enumero, se multiplican más*
> *que la arena; Despierto, y aún estoy contigo.* Salmo 139:17 y 18.

Cuando el rey David habla de pensamientos preciosos, estaba viendo como Dios le hizo, en una gloria perfecta. El Rey David tuvo la visión, se sorprendió de esto tan extraordinario y glorioso. Nunca había pensado en lo grande de Dios de esa forma. Fue el Espíritu Santo que abrió sus ojos espirituales para que mirara la agenda de Dios para su vida. Hoy, el Consolador comienza a ministrar en ti de forma extraordinaria y te revela el escrito de Dios, donde no hay pérdida, y no hay fracaso. Este es un día espectacular, extraordinario y glorioso Jamás creas otra cosa, estás predestinado por Dios. Para ganar.

Semilla Eterna

No soy una casualidad del destino, yo estoy Predestinado, para Ganar.

Revocando la cultura de perdedor o perdedora. Nunca aceptes como normal perder, porque eres predestinado para ganar.

Solamente aceptando la revelación y la iluminación que Dios tiene acerca de ti, podrás revocar la maldición de Perder y del fracaso. Este fracaso se trae desde Adán, el primer hombre perdedor. La maldad se fue multiplicando de tal manera que el ser humano se culturizó para el fracaso, se acostumbró y vive para el fracaso, es tan grande la maldición de la cultura de pérdida que cuando los humanos hacen algo el enemigo le maldice con temor para asegurar el fracaso. Pero tu vida está escrita por la mano de Dios, el eterno y todo poderoso, es el diseñador de tu vida, tú te mueves en fe, y le crees a Dios y aceptas la gloria superior. El Espíritu Santo te dice que tú no eres perdedor, nunca jamás aceptes la cultura de perdedor, porque naciste para Ganar. Renuncia a toda línea de fracaso, eres el diseño perfecto de Dios.

Dios, nunca te hizo perdedor. ¡Cuán preciosos, Dios, me son tus pensamientos!.

El pensamiento de Dios, no te creo para perder. Dios nunca vaticinó el enredo, la confusión y la angustia para ti. Cuando el rey David vio el diseño de Dios para su vida estaba sorprendido porque son tantas las maravillas y el diseño de su gracia, que en la mente del ser humano no cabe tanta gloria. Hay mucho escrito para ti y a tu favor, es incontable matemáticamente, lo que Dios preparo de antemano para tu vida.

Millones de seres humanos están en esta tierra viviendo bajo maldición, porque desconocen el propósito eterno de Dios. Toda esta problemática surge porque nunca se apegaron al diseño eterno del Padre Creador, el cual es desde antes de la fundación del mundo.

Cuando usted comienza a pensar como Dios piensa, usted va al almacén de Dios y ve todo lo que está escrito para usted; entonces, empezará a ver la vida de manera muy diferente.

Toda la desgracia que existe en el mundo, es debido a que el ser humano ha sido preparado para perder; por la cultura del pecado se ignora el diseño original. Pero tú has sido hecho para triunfar.

Por eso Jesús dijo: **Yo vine a buscar y a salvar lo que se había perdido...,** ahora en Cristo, usted ha sido, predestinado para ganar.

Declaraciones de Fe para gente Predestinadas para Ganar:

- Por el Poder del pensamiento de Dios en mi, declaro que hoy es un día extraordinario, lleno de cosas hermosas para mí.

- Por el Poder del pensamiento de Dios en mi, declaro que siempre ando en victoria, libre del poder del enemigo, que se ensancha mi camino y mi pie no tropieza.

- Por el Poder del pensamiento de Dios en mi, digo que se activan las ideas creativas, la paz y el éxito sobre mi vida.

- Por el Poder del pensamiento de Dios en mi, declaro que soy una persona ganadora, mi familia está cada día mejor en Cristo.

- Por el Poder del pensamiento de Dios en mi, declaro que milagros, gozo, paz y vida se reproducen en mí, y en mi familia.

- Por el Poder del pensamiento de Dios en mí, digo que La Ley del Espíritu de Vida me domina y gobierna completamente.

- Por el Poder del pensamiento de Dios en mi, estoy listo para ver el cumplimiento de cada palabra, que Dios me ha dado.

Tres Claves Poderosas parta Ganar Sobrenaturalmente.

- Anhela de todo corazón, la agenda de Dios para tu vida.

- Piensa en lo extraordinario, del plan eterno de Dios para ti.

- Confiesa que tus pensamientos, están dominados por el pensamiento de Dios.

Meditación de Alto Nivel

La Gloria Superior.

Ahora pues, Padre, glorifícame tú al lado tuyo, con aquella gloria que tuve contigo, antes que el mundo fuese. Juan 17:5.

Declare:

No soy un accidente. Soy la hechura de Dios, desde la eternidad.

Por lo tanto, nunca me olvidaré que la Gloria Superior que Dios me ha dado está por encima de lo temporal de este mundo.

Revoco el tormento, porque la Gloria Superior de Dios en mi, establece que soy exitoso, perfecto y bendecido.

Hoy diga: *"Yo apelo a la Gloria Superior, porque es el origen verdadero de mi vida en Dios".*

 **Semana 1 día 2**

Códigos de Ganador en la Semilla Interna

Los Códigos

Mi embrión vieron tus ojos, Y en tu libro estaban escritas todas aquellas cosas que fueron luego formadas, Sin faltar una de ellas.
Salmo 139:16.

Verdad Profunda

La semilla de ser una persona ganadora esta dentro de ti, desde antes de la fundación del mundo. Es necesario que no te distraigas, si te enfócate en lo más importante; veras la gloria de Dios en tu vida.

No te distraigas por nada.

El trabajo de Satanás es hacer que te distraigas con cosas pequeñas, que nunca se comparan con la gloria ganadora que el todopoderoso puso en ti. Cuando Cristo dijo no os afanéis por vuestra vida, que habéis de comer, o beber, porque la vida vale más que el alimento,

Cristo estaba revelando conocimientos que son superiores a la comida, a la bebida, a la razón y a lo físico. Los códigos de la vida son superiores a todo lo que tú puedas ver humanamente.

Lo más extraordinario de todo, es que esos códigos siempre han estado dentro de ti; están en ti y viven contigo. Cuando Dios te hizo, te creó un espíritu, antes de estar adentro de tu madre. Tú estabas en la mente de Dios. Quiero decirte que tú no eres desde el vientre de tu madre, tú eres desde que Dios te diseño en su mente.

Tu viniste a esta tierra y lo que Dios te hizo en la eternidad es superior, todo lo lindo extraordinario está depositado en tu espíritu. Allí dentro de ti esta la excelencia, el gozo, la inteligencia y la sabiduría, Dentro de ti están las ideas creativas que harán que fácilmente obtengas los millones que Dios te dio. En personas, dinero, y multiplicación. Dentro de ti esta el amor. Dentro de ti están las ideas creativas, que Dios no se las ha revelado a otro, sino a ti. Dentro de ti vive la paz. Dentro de ti esta Dios.

Alineando el Pensamiento.

¡Cuán preciosos me son, oh Dios, tus pensamientos!

La lista de Dios es infinita.

Si los enumero, se multiplican más que la arena...

La lista es tan larga que David dijo se multiplican como la arena de la mar esto es extraordinario, definitivamente es infinito e incontable lo que Dios predestino para tu vida. Este es un tiempo de gloria, la buena mano de Dios está sobre ti para cosas impresionantes. Por eso Cristo dijo **No te afanes** por las cosas temporales hay una gloria superior y tu estas predestinado para ganar.

El rey David dijo *si los enumero, no los puedo contar*. También dijo despierto o dormido allí está el pensamiento de Dios acerca de mi. Definitivamente la lista de Dios, es infinita. Son tan grandes las maravillas que Dios tiene para ti, Que todo lo que te ha querido enredar en esta tierra para que seas un perdedor se tiene que terminar hoy. Por horas, días y años Satanás te ha dicho que has perdido tu tiempo, que naciste para el dolor. Todo eso es falso. Tú estás Predestinado para Ganar.

 La lista de Dios es grande, es maravillosa para ti, nunca jamás vivirás en miseria.

La lista de Dios es grande, es maravillosa para mí, hoy s activa la gracia que hace, que lo difícil para otros sea fácil para mí.

Declaro, de todo corazón, que la lista de Dios para mí, es grande y maravillosa.

Ahora quiero que donde estés adores a tu creador y alabes su nombre, porque él te tomo en cuenta para obras extraordinarias. Ha llegado la hora esperada, tu estas Predestinado para Ganar.

Rompe la rutina pasa el siguiente nivel

"Despierto, y aún estoy contigo..."

Las personas se enferman por la maldición de la rutina, porque no quieren subir el próximo escalón.

Es necesario que sueñes, y pases al siguiente nivel. Hay algo mejor para ti. Lo que has hecho, lo que has logrado no es todo. La lista de Dios es mucho más grande para ti.

Declaraciones de Fe para gente Predestinadas para Ganar:

- Declaro que me ato al pensamiento de Dios, porque, la lista de Dios es grande, y maravillosa para mí.

- Creo toda palabra que me trae El Espíritu Santo, porque, la lista de Dios es grande y maravillosa para mí.

- Yo declaro que, de inmediato me levanto por la fe para conquistar todo lo que es mío; porque, la lista de Dios es indiscutiblemente grande y maravillosa para mí.

Hay algo nuevo que Dios ha predestinado.

Es un tiempo de esperanza y de luz. La mano y la eterna bondad de Dios tienen cosas nuevas para ti, extraordinarias y gloriosas, es tiempo de creer en lo portentoso de Dios para tu vida, la hora llegó, estás Predestinado para ganar.

La vida de cansancio y la amargura no es para ti. La lista de las maravillas de Dios es grande, y son hoy, y ahora.

Meditación de Ato Nivel

Él respondió y dijo: Escrito está: No sólo de pan vivirá el hombre, sino de toda palabra que sale de la boca de Dios. Mateo 4:4.

El nivel palabra viva, te introduce en el poder de la gloria superior, tu estas Predestinado para Ganar.

La Palabra de Vida controla mis pasos.

Yo no dependo de los sentidos dependo de todo lo que sale de la boca de Dios.

Hay una lista de cosas Nuevas y Buenas que Dios predestinó para ti.

¡Cuán preciosos me son, oh Dios, tus pensamientos!
¡Cuán grande es la suma de ellos! Si los enumero,
se multiplican más que la arena;
Despierto, y aún estoy contigo.
Salmo 139:17 y 18.

Declaración profética.

Declaro que puedo Recibir en mi espíritu la lista de los beneficios divinos que el eterno estableció para mi, desde antes de la fundación del mundo. Y puedo notar, que existen una serie de maldiciones que no puedo aceptar, porque mi vida está escrita por la mano de Dios. Yo Nací para el Éxito.

En mi camino he visto algunas maldiciones que me han perseguido; por lo tanto declaro que:

- Nunca Dios me hizo para fracasar.

- Nunca Dios me hizo para la pobreza.

- Nunca Dios me hizo para ser infeliz.

- Nunca Dios me hizo para ser pobre.

- Nunca Dios me hizo para la tristeza ni el dolor.

- Dios no me hizo para el sufrimiento.

- Dios no me hizo para ser estrecho, porque Él quiere hacer de mí una nación grande.

- Dios quiere que yo ande bendecido, prosperado y en victoria.

Declaro el éxito. Nací para el éxito. La buena mano de Dios está sobre mi vida y sobre mi familia. Sé que el eterno y todopoderoso vive en mí. La ley del Espíritu de vida me acompaña milagrosamente. El poder de Dios está en mí. No soy para el fracaso. Dios me ilumina y trae a mi entendimiento la revelación de que veré la gloria original para lo cual fui formado, es decir la gloria superior donde no hay pérdida.

Hoy escribo la lista de mis Bendiciones:

- Sé que el bien y la misericordia de Jehová, me seguirán todos los días de mi vida.

- Sé que Dios siempre me prosperará, porque ando en obediencia de su palabra y camino por fe.

- Mi familia siempre estará bendecida, con éxito y prosperidad. La buena mano de Dios está sobre mí. El Espíritu Santo me acompaña.

- Soy una persona ganadora, todo lo que emprendo me sale bien, porque el todopoderoso va delante de mí, en el nombre de Jesús.

- Soy una persona ganadora, y estoy en victoria, dependo totalmente del Consolador, el cual me guía por sendas de justicia por amor de su nombre.

- Hoy me ato al propósito de mi padre eterno. Soy un Diseño de éxito y de paz. Diseño de prosperidad, y de triunfo. Diseño de fuerza y firmeza. El diseño de Dios para mi es perfecto.

- Hoy determino desde ahora y para siempre vivir el diseño que Dios de antemano había preparado para mí.

- Cuando Dios me diseñó derramó en mí, sus semillas de conquista, de poder y de gloria: tengo de su gracia, tengo su sabiduría y de su ciencia. Su presencia invade mi vida, mi mente y mi ser. El diseño de Dios en mí, es perfecto.

Oración Profética

Dios todopoderoso en el nombre de nuestro Señor Jesucristo me levanto creyendo y aceptando esta palabra poderosa y de fe, sé que estoy predestinado para ganar, tu mano esta sobre mí, creo la palabra.

Tú eres mi Dios y estás conmigo. Me levanto y resplandezco, se que tu buena mano siempre me protegerá, porque estoy predestinado para ganar. Acepto tus pensamientos, recibo tu agenda, creo de todo corazón tu propósito, en el nombre de Jesús.
Amen

 **Semana 1 día 3**

Los Orígenes de la Pérdida

Orígenes

¡ En el principio creó Dios los cielos y la tierra.
Y la tierra estaba desordenada y vacía,
y las tinieblas estaban sobre la faz del abismo,
y el Espíritu de Dios se movía
sobre la faz de las aguas.
Génesis 1:1 - 2

Verdad Profunda

Dios nunca te hizo perdedor, ni tampoco te diseño para qué vivas en el fracaso, Tus orígenes y tus raíces son Éxito, Triunfo y Prosperidad.

Tus Orígenes

Tú eres antes de la fundación de este mundo, Dios te hizo antes de los cielos y la tierra, nunca te olvides que Dios nunca hace nada regular Dios es perfecto, por eso Jesucristo dijo:

Sed, pues, vosotros perfectos, como vuestro Padre que está en los cielos es perfecto. Mateo 5:48.

Este versículo habla de alta gerencia; la mente eterna de Dios, de como Dios te hizo, y como el Eterno te quiere. Lo único que el todopoderoso te quiere es que vuelvas a tus orígenes.

Dios nunca te hizo para perder, para el dolor, ni para la enfermedad, Dios siempre te hizo ganador.

¿De dónde viene todo el desastre que existe en el mundo?

Viene de La agenda de perder escrita por el enemigo, por eso estableció el afán, la ansiedad, el dolor, la desgracia y el tormento todo lo escribió el enemigo para que no reconozcas la gloria superior, pero tu hora. Ha llegado, las cosas extraordinarias y grandes hoy comenzaron para ti.

Los Orígenes de todo Desorden y de todo Vacio están en el Abismo

En los orígenes de la rebelión diabólica, el maligno cuando fue arrojado le hizo mal a la hermosa creación, por eso Dios comenzó a restaurar.

Usted puede notar que la tierra estaba desordenada y vacía, y las tinieblas se veían, esto habla de presencia diabólica, pero Dios a través de la palabra confesada comenzó a restaurar; por eso lo primero que Dios dijo fue: *Sea la luz*. Génesis 1:3

El ser humano fue desarrollado en dos etapas. Cuando te hizo en la eternidad, y cuando te formo del polvo de la tierra y soplo sobre ese barro el hombre eterno, y le dio también el alma viviente. El ser humano fue creado.

Por esto, es trino el ser humano. Existe el hombre eterno, el alma viviente.   El hombre visible en un cuerpo, que del polvo fue hecho y al polvo volverá, porque en el mundo eterno, todo vuelve a sus orígenes.

Entonces Jehová Dios formó al hombre del polvo de la tierra,
y sopló en su nariz aliento de vida,
y fue el hombre un ser viviente. Génesis 2:7.

El hombre, alma viviente fue hecho para gobernar en esta tierra, y dominar en este mundo.

Y los bendijo Dios, y les dijo: Fructificad y multiplicaos;
llenad la tierra, y sojuzgadla, y señoread en los peces del mar,
en las aves de los cielos, y en todas las bestias
que se mueven sobre la tierra.
Génesis 1:28.

Comiendo del árbol de la vida y en perfecta amistad con Dios, el ser humano podía   disfrutar en su cuerpo de la Gloria Superior. Este privilegio lo perdió el primer Adán por el pecado, pero Jesucristo nos unió de nuevo con Dios.

El problema de los seres humanos fue la desobediencia, que en vez de vivir por la guía eterna de la palabra revelada y divina, se movieron por los sentidos, por eso comenzó el desorden, el vacio y el abismó en los seres humanos.

Todo era perfecto en el espíritu, y si comía del árbol de la vida, reinaría para siempre con Dios, por encima de todos los seres eternos, que ya existían, inclusive por encima de Satán con sus demonios.

Dios todo lo tenía perfecto en el Espíritu, después de haber culminado la creación hizo del barro un recipiente humano a su imagen y semejanza, entonces sopló y puso en ese recipiente de barro lo que ya existía desde antes de la fundación del mundo Dios te estaba vaciando a ti y a mí.

> *Y los bendijo Dios, y les dijo: Fructificad y multiplicaos; llenad la tierra, y sojuzgadla, y señoread en los peces del mar, en las aves de los cielos, y en todas las bestias que se mueven sobre la tierra.*
> Génesis 1:28,

Para el ser humano vencer necesitaba, primeramente comer del árbol de la vida que estaba en el huerto, para conectar su espíritu con el alimento eterno y ser ganador para siempre, y podía comer de los frutos del huerto para su alimentación física. Sin embargo el maligno lo enredo cuando le hizo que codiciara el árbol del conocimiento.

Porque Dios para que el hombre gobernara en el mundo, le hizo un alma viviente es decir una persona espiritual para que operara en el cuerpo físico pero dominado por el espíritu humano conectado en el poder del uno con el Espíritu de Dios.

Cuando el ser humano cae comienza el desastre sobre la tierra.

Volvió lo mismo del Génesis 1:2. Desorden, vacio, abismo y tinieblas.

Por eso es la venida de Jesús al mundo, fue para reparar todo el desastre provocado por la desobediencia. Po esta razón, tú y yo fuimos afectados y sufrimos, no porque Dios lo quiso así, sino porque el pecado maldijo la tierra. Pero la misión de la venida del ungido Jesús, a la tierra es esta:

> ➤ Isaías 61:1. *El Espíritu de Jehová el Señor está sobre mí, porque me ungió Jehová; me ha enviado a predicar buenas*

nuevas a los abatidos, a vendar a los quebrantados de corazón, a publicar libertad a los cautivos, y a los presos apertura de la cárcel.

➢ Isaías 61:2. **A proclamar el año de la buena voluntad de Jehová, y el día de venganza del Dios nuestro; a consolar a todos los enlutados.**

➢ Isaías 61:3. *A ordenar que a los afligidos de Sion se les dé gloria en lugar de ceniza, óleo de gozo en lugar de luto, manto de alegría en lugar del espíritu angustiado; y serán llamados árboles de justicia, plantíos de Jehová, para gloria suya.*

➢ Isaías 61:4. *Reedificarán las ruinas antiguas, y levantarán los asolamientos primeros, y restaurarán las ciudades arruinadas, los escombros de muchas generaciones.*

No piense que la calamidad solo usted la ha vivido. Esto ha venido sucediéndose de generación en generación. Toda la humanidad ha sufrido por la separación y el pecado.

Es por eso que cuando en ungido **Jesús** vino, fue llevado por el Espíritu al desierto para levantar una generación de genuinos vencedores que con la Palabra derrotan las mentiras del demonio, sea cual sea.

Entonces Jesús fue llevado por el Espíritu al desierto, para ser tentado por el diablo. Y después de haber ayunado cuarenta días y cuarenta noches, tuvo hambre. Y vino a él el tentador, y le dijo: Si eres Hijo de Dios, di que estas piedras se conviertan en pan. Él respondió y dijo: Escrito está: No sólo de pan

vivirá el hombre, sino de toda palabra que sale
de la boca de Dios. Entonces el diablo le llevó a la santa ciudad,
y le puso sobre el pináculo del templo,
y le dijo: Si eres Hijo de Dios, échate abajo;
porque escrito está: A sus ángeles mandará acerca de ti,
y En sus manos te sostendrán, Para que no tropieces
con tu pie en piedra. Jesús le dijo: Escrito está también:
No tentarás al Señor tu Dios. Otra vez le llevó
el diablo a un monte muy alto, y le mostró
todos los reinos del mundo y la gloria de ellos,
y le dijo: Todo esto te daré, si postrado me adoras.
Entonces Jesús le dijo: Vete, Satanás,
porque escrito está: Al Señor tu Dios adorarás,
y a él sólo servirás.
El diablo entonces le dejó; y he aquí
vinieron ángeles y le servían...
Cuando Jesús oyó que Juan estaba preso, volvió a Galilea;
y dejando a Nazaret, vino y habitó en Capernaum,
ciudad marítima, en la región de Zabulón y de Neftalí,
para que se cumpliese lo dicho por el profeta Isaías,
cuando dijo: Tierra de Zabulón y tierra de Neftalí,
Camino del mar, al otro lado del Jordán,
Galilea de los gentiles; El pueblo asentado en tinieblas
vio gran luz; Y a los asentados en región de sombra de muerte,
Luz les resplandeció. Desde entonces comenzó Jesús
a predicar, y a decir: Arrepentíos, porque
el reino de los cielos se ha acercado.
Mateo 4:1 al 17.

Cuando Jesús se enfrenta al enemigo, domina toda la concupiscencia que le ofrece el demonio. **Jesús** dijo: **No solo de pan vivirá el ser humano, sino de toda palabra que sale de la boca de Dios**, derrota al maligno, no comiendo de los sentidos, y atándose al verdadero alimento de la bendita Palabra de Dios. Ese es el camino para incursionar en el mundo de los invencibles, a través de la bendita palabra de Dios.

Oración de invocación de la Gloria Superior

Padre nuestro que estás en los cielos,
hoy delante de ti reconozco, que por desconocimiento
habíamos aceptado como normal el perder y el fracaso,
en el nombre de Jesucristo, me levanto en fe y determino vivir
comiendo del árbol de la vida, renuncio a toda presión maligna
que me quiera atar a lo temporal, quiero tu palabra,
la creo con todo mi corazón, y hoy en el nombre de Jesús,
acepto el poder de la gloria superior,
en tu palabra y por la fe en Cristo.

Me ato a mis orígenes eternos,
no lo cambio por nada de este mundo,
se que todo lo de esta tierra, es temporal,
porque soy invencible en Dios,
y estoy predestinado para ganar,
en el nombre d Jesús.
Amen

 **Semana 1 día 4**

No Comas de Tus Sentidos

Verdadera Comida

Y mandó Jehová Dios al hombre, diciendo:
De todo árbol del huerto podrás comer; mas del árbol de la ciencia
del bien y del mal no comerás; porque el día que de él comieres,
ciertamente morirás.
Génesis 2:16, 17

Verdad Profunda

Jamás usted puede comparar la gloria temporal que ven sus ojos ahora, con la gloria superior que Dios predestino para ti. Y que se manifiesta solo cuando No Comes de tus Sentidos, y le crees a Dios comiendo su Palabra, que es el Árbol de la Vida.

La Guerra de los Sentidos.

Nunca te olvides que en la vida del espíritu, esta lo Eterno. Y en lo Eterno esta lo Perfecto, y lo Perfecto ha estado siempre en ti desde antes de la fundación del mundo.

En ti esta; todo lo puro, todo lo amable, todo lo agradable y todo lo bueno de Dios.

En tu alma, en tu mente están todas las emociones. De allí vienen todos los Ataques, el Engaño, la Maldad, la Hipocresía, y lo Perverso.

Te conviene, porque...

Por fe andamos, no por vista. 2 Corintios 5:7.

Te conviene someter a la vida del espíritu tú alma y tus emociones, y comer del árbol de la vida, porque muchas veces con tus ojos puede parecer Perder; pero Dios, desde tu espíritu te dice la Verdad, como es realmente el Ganar.

Muchas veces no tiene razón hacer cosas, porque parece como que estás perdiendo. Pero cuando estudias la verdad, realmente tu si estas ganando. *"Porque en el evangelio la justicia de Dios se revela por fe y para fe, como está escrito: Mas el justo por la fe vivirá.* Rom. 1:17.

Viviendo en el espíritu, te mueves en lo sobrenatural y nunca serás un Perdedor.

Cuando se depende de lo que se ve, o de lo que se siente, el ser humano se anota a Perdedor, porque la verdad de todas las cosas no está en lo humano; está en el mundo eterno con Dios.

He aquí que aquel cuya alma no es recta, se enorgullece; mas el justo por su fe vivirá. Habacuc 2:4.

A través de comer solo la palabra de Dios, usted rompe con las limitaciones. Para usted no existe absolutamente nada imposible. Usted es más que vencedor. Cuando usted no come de los sentidos ni de lo que siente, si no que come Palabra de Dios, es decir del Árbol de la Vida; definitivamente, usted vivirá de victoria en victoria.

Nunca comas de los sentidos, ya que por lo general el engaño entra por los sentidos. Porque en el espíritu eterno no hay engaño.

Por fe andamos nunca por vista..."

Fíate de Jehová de todo tu corazón, Y no te apoyes en tu propia prudencia. Proverbios 3:5,

Todo el desastre que vive el ser humano, está vinculado a depender de los sentidos, así se pierde todo. Porque operando dominado por la razón y los sentidos, el ser humano es engañado y se hace esclavo del desastre, y del maligno.

Cuando nosotros determinamos por obediencia vivir por la Ley de la Palabra, es decir, la Ley del Espíritu de Vida, entonces dejamos de ser concupiscentes y entramos a vivir en el Poder de la Gloria Superior. Entonces, lo que para algunos parece una cosa extraordinaria, para ti es algo fácil. Todo lo puedes dominar y lograr porque te mueves bajo el Poder de la Gloria Superior, por la fe en Cristo.

Nunca Comas de tus Sentidos

Es necesario, que jamás te dejes engañar, podrían venirte muchas clases de pensamientos, y ofertas aparentemente agradables, pero lo primero es comer del árbol de la vida.

Es decir, de la palabra de Dios, y andar saciado De tal manera, que usted verá, que el capítulo de sus días, estará lleno de triunfos, y de victorias, porque en la vida del espíritu siempre hay victoria por encima de todo.

Muévase en el Universo de los Invencibles

*Ahora, pues, ninguna condenación hay
para los que están en Cristo Jesús,
que no andan conforme a la carne,
sino conforme al Espíritu.
Porque la ley del Espíritu de vida
en Cristo Jesús,
me ha librado de la ley del pecado
y de la muerte.* Romanos 8:1,2

Cuando vives y caminas, dependiendo de la ley superior de gloria, que opera en tu espíritu, jamás perderás, porque en tu espíritu no existen códigos de pérdida, ni de derrota.

La Maldición del Perder se activa, solo para los que desprecian los códigos del universo de los Invencibles, que están en el espíritu. Pero los que viven en el espíritu, todo el tiempo; vencerán…

Oración Profética.

*Dios todopoderoso en el nombre de Jesucristo,
hoy determino con todo mi corazón, aceptar la verdad de tu Palabra;
y creerla con todo mi corazón,
renuncio a comer de los sentidos,
renuncio a ser inconstante en la palabra,
creo con todo mi corazón tu palabra,
creo que todo lo que tu has dicho de mí es la verdad,
en el nombre de Jesucristo,
anulo la maldición de la pérdida,*

y al comer de la lógica y de los sentidos
Ahora, me levanto en fe en el nombre de Jesús,
y digo que como palabra de Dios.
Apelo al árbol de la vida,
creo la verdad de tu palabra se
que nací para el éxito, porque...
mi vida está escrita por tu amor.

Hoy declaro que todos los días de mi vida,
viviré comiendo del árbol de la vida,
que es la bendita palabra de Dios,
y así siempre seré más que vencedor,
en Cristo Jesús.
Amen

 Semana 1 día 5

El Poder de confesar Luz

Y dijo Dios: Sea la luz; y fue la luz.

Génesis 1:3.

Verdad Profunda

Nunca acepte como normal las aéreas oscuras que le quieran crear confusión, e inseguridad. Levántese en la fe tome la autoridad de la palabra, y diga sea la luz.

Llame la Luz

Sea la luz ahora misma en ti, en el nombre de **Jesús**. Así, se separa la luz de las tinieblas, y es revocada de tu vida. Declaro, que no naciste para el Fracaso, no naciste para Perder, porque la lista de Dios, es grande para ti. Debido a la maldición de la tierra, es necesario que usted no tenga temor en llamar la luz de Dios en su mente en aquellas áreas que usted no encuentra claridad de pensamiento.

Por lo general hay personas que actúan ciegamente con relación a esto, en momentos de Presión. Usted necesita decir: *Sea la Luz...*

Hay millones de personas que tienen áreas oscuras en su vida, como por ejemplo; viven bajo nubes de Problemas Económicos. Porque, siempre han estado sufriendo de pobreza, oscuridad y tormento.

No lo acepte como normal. Diga: *Sea la Luz...*

En las áreas de relaciones de Pareja, diga: *Sea la Luz...*

Hay personas, que donde han metido la cabeza, siempre han terminado enredados dígalo ya: *Sea la Luz...*

Así en los negocios, en las amistades y en el ministerio. Dígalo con firmeza y convicción: *Sea la Luz...*

Hay personas que servir en cualquier área de la obra de Dios lo único que han tenido, son problemas. Por lo tanto declaramos que sea la luz.

En el nombre de Jesucristo, *Sea la Luz,* ahora, ya..., en aquellas áreas, en que has fracasado. En el nombre de Jesucristo, la maldición de Perder, salga de tu mente. Comienzas a ordenar cada detalle. Nunca jamás el poder de las tinieblas dominara tu mente, ni tu casa, ni tu ambiente. Todo desorden, todo vacío, toda oscuridad, es disipada, en el nombre de **Jesús**.

Digo que se alinea todo tus pensamientos, a los pensamientos de Dios. Isaías dice: *Levántate, y Resplandece, y la gloria de Dios ha venido sobre ti.* Suelta el poder de la iluminación, es ahora la luz sobre ti.

"Vosotros sois, la luz del mundo; una ciudad asentada sobre un monte, no se puede esconder." Mateo 5:14.

"Ni se enciende una luz y se pone debajo de una vasija,
sino sobre el candelero para que alumbre a todos
los que están en casa. Así alumbre vuestra luz
delante de los hombres, para que vean vuestras buenas obras
y glorifiquen a vuestro Padre que está en los cielos."
Mateo 5:15 al 16.

Dios no creo las tinieblas, tampoco te formo en tinieblas. Dios te hizo en luz. Te hizo para la luz.

Y te estableció como portador profético de luz.

Al principio del libro de Génesis, allí encontramos la crisis que había en el mundo al principio. Todo estaba vinculado a las tinieblas que estaban en el abismo. Y en génesis 1: 3. Y *dijo Dios: Sea la Luz y fue la Luz.* En esta forma operativa de Dios hay mucha revelación. Porque una persona ganadora predestinada para lo extraordinario, necesita entender que; toda la crisis que afronta en su vida está vinculada al poder perverso de las tinieblas. Por lo tanto, toda persona que entienda el Poder de la Gloria Superior para Ganar, tiene que imponer la Luz que porta y establecerla proféticamente.

Vosotros sois...

El Señor Jesús dijo de nosotros: *Vosotros sois la Luz del mundo*, y que a través de nosotros hay iluminación para establecer el reino, el propósito y la visión de Dios. Porque andamos de día, no tropezamos ni hacemos tropezar. No podemos trabajar en oscuridad. El creador estableció primero la luz, es decir impuso su verdad interna, disipando así; el gobierno maligno de las tinieblas y la oscuridad.

La palabra profética de iluminación **Disipando las Tinieblas,** revela que toda victoria se ordena y establece primero en el mundo profético, disipando las tinieblas a través de la luz que hay en ti.

Muchas veces los creyentes en Cristo, quieren contrarrestar las fuerzas de las tinieblas, estando en tinieblas. Jesucristo dijo: que los que andan de día no tropiezan, porque tienen luz, pero los que andan en tinieblas tropiezan. La verdadera guerra es una guerra que existe entre la luz, y las tinieblas. En la medida que nosotros imponemos la luz toda la agenda perversa, en contra de nosotros, por la maldición de la tierra, queda derrotada. Lo primero que Dios quiere es que resplandezcamos. Es por eso que en Isaías 60 dice levántate y resplandece porque hoy ha venido tu luz y la gloria del Señor ha nacido sobre ti. Y aunque tinieblas cubran la tierra y oscuridad las naciones sobre ti amanecerá la luz. Eres un portador de gloria. Tú eres la diferencia.

Usted nunca tendrá éxito a menos que disipe las tinieblas para poder comenzar a ordenar las áreas que Satanás por años desordeno tanto en su vida como las vida de los demás. El problema de los seres humanos es que quieren arreglar las cosas en tinieblas y operando oscuramente.

Ningún Ciego puede guiar a otro Ciego

Nadie viviendo la vida oscuramente puede ayudar. El problema del mundo, es que la tierra necesita la manifestación de los hijos de luz. Usted no arregla la tierra, criticando la tierra.

Usted compone la tierra y la familia, disipando las tinieblas.

El primer fundamento que entiende una persona ganadora es que el poder que existe a través de la profecía que desata la luz que hay en ti y que disipa las tinieblas.

La luz que hay en ti es creativa. Cuando hablo de la luz creativa es que eres diferente a un foco, una sola persona puede alumbrar una ciudad, una persona puede alumbrar hasta una nación y continente. Cristo habló de luces que alumbran una ciudad completa.

Esto significa personajes que proyectan lo que tienen dentro con la Luz que Él les ha dado, disipando las tinieblas de naciones y continentes completos. Por eso Jesús dijo: "**vosotros sois *la luz del mundo*.**"

El Ejercicio Profético de la Iluminación

Confiese lo siguiente:

Cuando Dios me hizo a mí, no me hizo en tinieblas. Mis orígenes, no son de oscuridad, por lo tanto, renuncio a las áreas oscuras que han operado en mi vida por años. Y me han hecho perder la bendición de Dios. Ahora en el nombre de Jesucristo, le ordeno a mi alma que reciba la luz de mi espíritu, a mis ojos que sean abiertos, a mi boca que sea abierta, a mi lengua que sea desatada. A las áreas paralíticas en mí, como mis pies y el sentido de obediencia sean restablecidos a través del poder de la luz. Toda área donde operaban demonios y hacían que yo actuara en oscuridad, haciendo lo que nunca quise hacer, ahora queda destruida, en el nombre de Jesús.

Declaro: Que sea la Luz en las áreas oscuras en mi hogar. Que sea la Luz en mis relaciones familiares, en mis relaciones financieras y espirituales. Declaro que la luz de Dios es manifiesta en mi hogar.

Usted necesita detectar, cada área oscura donde por años han operado las tinieblas. Suelta la Luz en la casa, en el área financiera. Ve donde están los errores. El más grande error de los seres humanos es que queremos echar fuera las tinieblas con tinieblas. Satanás nunca podrá echar fuera a Satanás.

Declara esta palabra de Fe, en el nombre de Jesucristo:

"Me levanto como luz, y no tinieblas. Y declaro la activación en mi vida, de la luz; aclárese mi mente, quiero que sea La luz, que todo salga a La luz en mi vida, que se abra mi entendimiento, que sea la luz en mi casa y en mi ciudad."

Por el poder de la Luz creativa de Jesús que hay en ti, se desarrolla la obediencia a la Palabra. Primero comienza en ti, luego en tu casa, después tu ciudad, tu nación y en tu continente.

Renuncie a toda Herencia Oscura.

"Entonces vinieron a Jericó; y al salir de Jericó él y sus discípulos y una gran multitud, Bartimeo el ciego, hijo de Timeo, estaba sentado junto al camino mendigando. Y oyendo que era Jesús nazareno, comenzó a dar voces y a decir: ¡Jesús, Hijo de David, ten misericordia de mí!. Y muchos le reprendían para que callase, pero él clamaba mucho más: ¡Hijo de David, ten misericordia de mí!. Entonces Jesús, deteniéndose, mandó llamarle; y llamaron al ciego, diciéndole: Ten confianza; levántate, te llama. El entonces, arrojando su capa, se levantó y vino a Jesús. Respondiendo Jesús, le dijo: ¿Qué quieres que te haga? Y el ciego le dijo: Maestro, que recobre la vista. Y Jesús le dijo: Vete, tu fe te ha salvado. Y en seguida recobró la vista, y seguía a Jesús en el camino". Marcos 10:46 - 52.

La condición de mendigo en que estaba envuelto Bartimeo era por falta de visión, no tenia luz en ninguna área de su vida(No solo en sus ojos.) Clame a Dios de todo corazón y diga: *"sea la luz"* . El Espíritu de gracia de fe y de poder le ayudara a usted a salir adelante.

La pobreza, la esclavitud, el tormento, la deuda, la miseria y la ruina, no es parte de lo que Dios escribió para ti. Después que Bartimeo recibió luz, su vida nunca más fue igual; diga de todo corazón: "Jesucristo, ilumina mi vida, nunca más quiero ser igual, porque estoy predestinado para ganar".

Oración

Dios todo poderoso, en el nombre de Jesucristo,
te pido de todo corazón, que ilumines cada área de mi vida.
Renuncio a aceptar la pobreza, el dolor y la miseria como normal,
mi vida nunca más será igual, hoy recibo total iluminación
para cada detalle en mi vida, Jamás aceptaré la mentira del enemigo
en mi vida, yo no nací para sufrir, ni para la derrota;
acepto la luz de Dios en mi vida. Porque estoy
predestinado para ganar.
Amen

 **Semana 1 día 6**

Profetiza Expansión Sin Límites

"Luego dijo Dios: Haya expansión en medio de las aguas,
y separe las aguas de las aguas. E hizo Dios la expansión,
y separó las aguas que estaban debajo de la expansión,
de las aguas que estaban sobre la expansión.
Y fue así. Y llamó Dios a la expansión Cielos.
Y fue la tarde y la mañana el día segundo.
Dijo también Dios: Júntense las aguas que están
debajo de los cielos en un lugar, y descúbrase lo seco.
Y fue así. Y llamó Dios a lo seco Tierra,
y a la reunión de las aguas llamó Mares.
Y vio Dios que era bueno"
Génesis 1:4 -10.

Verdad Profunda

Declare la expansión de Dios en su mente porque es necesario que usted comience a ver el éxito, el triunfo y la abundancia como normal, no es bueno tener límites en lo mucho que Dios tiene para usted. Dele una orden a su alma y diga: *"que haya expansión"*.

Después que Dios revocó la maldición de las tinieblas a través de la Luz poderosa de su Gracia, no hubo tinieblas. Quiero que tomes en cuenta esto, solo el enemigo quiera que tú vivas en límites, que vivas estrecho en todo. El enemigo sabe que cuando tu estas estrecho, vives perturbado, vives en amargura y obstinación. Dios te hizo ganador. Tienes que ahora mismo romper los límites que siempre han perseguido tu vida, no vivas en lo lógico. Y en el nombre de Jesucristo comienza a declarar la expansión de Dios, para tu casa, tu territorio, tu negocio. Las áreas en que tú has vivido estrecho y golpeado por las duras circunstancias que han rodeado tu vida.

Todo lo que te haya hecho llorar, todo lo que son cargas de amarguras y obstinación. Hoy lo tienes que romper. Satanás no está autorizado para ponerle diseño a tu vida. La muerte, la ruina, no están autorizados para ponerle límites a tu vida. Ahora en esta misma hora rompe tus límites. Que haya expansión. Que explote la vida, el gozo, la paz, la felicidad que haya expansión sobre ti. Expansión en las áreas económicas, expansión en las áreas en el desarrollo personal. Profétiza esa palabra. Todo lo estrecho queda hecho pedazo. Comienza la grandeza de Dios en ti.

Ampliando tu Visión.

"Y llamó Dios a la expansión Cielos. Y fue la tarde y la mañana el día segundo. Dijo también Dios: Júntense las aguas que están debajo de los cielos en un lugar, y descúbrase lo seco. Y fue así. Y llamó Dios a lo seco Tierra, y a la reunión de las aguas llamó Mares. Y vio Dios que era bueno". Génesis 1:8 al 10.

La expansión rompe los límites y te lleva a una dimensión extraordinaria para poder desarrollar, la agenda creativa y productiva de Dios. Nadie puede producir con efectividad en desorden, vacio y abismo. La palabra clave y el rema de poder y gloria es: *"que haya expansión"*. Cuando se expande tu visión, entonces puedes darle a cada una de tus áreas personales y ministeriales: Productividad y Creatividad sin límites.

En el mundo eterno nunca se siembra, ni se crea, ni se puede lograr reproducir en desorden. Usted necesita seguir el ejemplo del Padre, la expansión te dará los siguientes lugares para Crear y Producir:

Cielos...

Tierra...

Mares...

La expansión te abre los cielos y te prepara en forma perfecta los grandes centros de productividad. Los cielos donde habitaran las aves, la tierra donde ministraras y vivirás y habrá fructificación a través de la Semilla Profética, y donde te multiplicaras.

A través del poder profético de la expansión, usted establece libertad sobre sus cielos, recuerda que lo primero que el enemigo trata de oscurecer son los cielos, pero a través del poder profético de la expansión se abren los cielos, desde ahora y para siempre. Tu operas con cielos abiertos y con tierras listas para la siembra y con mares para la producción de los peces.

Declare:

*"En el nombre de Jesucristo, me levanto
con voz profética y declaro la expansión a través del poder
creativo de la palabra, mi vida nunca jamás será un enredo.
Hoy y para siempre estarán los cielos abiertos en mi vida,
en mi familia, mi comunión con Dios es perfecta,
la vida de tropiezos y oscura nunca más volverá.
Ahora mi vida está en perfecta comunión,
con mi Padre eterno.*

Mis cielos están totalmente abiertos, sobre mi cabeza.
Ahora doy orden a que quede totalmente despejadas
mis centros de reproducción, mi tierra queda totalmente limpia
y lista para sembrar semillas de multiplicación, y los mares serán
centro de reproducción, de miles y de millares conforme
al propósito de Dios sobre mi vida.

Declare:

❖ Puedo ver la Visión de Dios.

❖ Mi tierra está lista para sembrar Semillas.

❖ Mis mares están listos para producir vidas y prosperidad.

Declare con todo su corazón:

Jamás seré estrecho, los cielos están abiertos sobre mi cabeza, la buena mano de Dios, su amor y misericordia me han cubierto, porque nací para el éxito: Estoy Predestinado para Ganar.

No seas Esclavo de los Límites.

"Y Jabes fue más ilustre que sus hermanos, al cual su madre
llamó Jabes, diciendo: Por cuanto lo di a luz en dolor.
E invocó Jabes al Dios de Israel, diciendo: ¡Oh, sí me dieras
bendición, y ensancharas mi territorio, y si tu mano
estuviera conmigo, y me libraras del mal,
para que no me dañe!
Y le otorgó Dios lo que pidió"
1 Crónicas 4:9 - 10

Es necesario que usted se levante en el Poder de la Palabra, porque no le conviene ser esclavo de la pobreza.

Si en su familia, en su pueblo, ó en su país. Aun aquellas personas que le han rodeado a usted, y que no han alcanzado ciertas cosas. De igual manera, usted mismo no ha logrado esas cosas que Dios ha puesto en su espíritu que hará con usted; no permita que por nada del mundo, el enemigo perverso le haga creer que no lo logrará.

Solo confiese y diga: *En el nombre de Jesucristo que haya expansión. Dios quiere hacer contigo, cosas que no ha hecho con nadie más.* Cuando te quiera sobrevenir temor, dudas u opresión del enemigo, diga: *"que haya expansión, en todos los aspectos de mi vida".*

Cosas Nuevas:

"He aquí se cumplieron las cosas primeras, y yo anuncio cosas nuevas; antes que salgan a luz, yo os las haré notorias".   Isaías 42:9.

Quiero que recibas esta Palabra Profética:

Dios ha determinado hacer contigo cosas nuevas, que jamás lo ha hecho con alguien, son cosas nuevas. Hoy, la mano de Dios está sobre ti, declara con firmeza que:

*"Preparo mi Alma, Voluntad, Mente y Corazón
para recibir las cosas nuevas, que Dios a predestinado
para mi desde antes de la fundación del mundo.
Digo que el dolor, la angustia, la desesperación,
y la ansiedad, no son parte de mi vida.
Sé que el todopoderoso está obrando
en mi cosas nuevas".*

El Peligro de la Falta de Expansión.

Cuando usted no ha entrado en el Poder de la Expansión en Dios, le puede sorprender cualquier cosa que Dios le dé. Esto le sucede a miles. El resultado es que no siguen avanzando porque se impresionan con los milagros. Porque muchos hasta adoran las cosas que reciben en el camino. Y se conforman con lo alcanzando, poniéndole limitaciones a su visión.

Usted nunca jamás sea así, recuerde que todo lo que ve es pequeño, para lo que viene. No se quede allí. No pierda su humildad, nunca descuide su comunión con Dios.

No descuide su tiempo de verdadera adoración, y dígale a Dios: *Señor,* p*repara mi corazón, para nunca quedarme con las grosuras, y no distraerme con lo que tengo hoy, ayúdame a estar listo para recibir todo lo grande que viene en camino para mí.*

Oración.

Dios todopoderoso, en el nombre de Jesús
, declaramos que hoy hay expansión, en nuestra alma y
pensamientos, rompo todo limite, y ligadura de pensamientos,
la maldición de estar atado a pensamientos pequeños,
la maldición de estar atado a vivir en temor e inseguridad
la reprendo en el nombre de Jesús, hoy por el poder de la bendita
palabra de Dios, declaro de todo corazón que haya expansión,
y que pueda aceptar con reposo, templanza
y carácter la grandeza, y lo extraordinario de Dios
como normal para mí. En el Nombre de Jesús....
Amen

 Semana 1 día 7

Siembra la Semilla de Ganador

*"Después dijo Dios: Produzca la tierra hierba verde,
hierba que dé semilla; árbol que dé fruto según su género,
que su semilla esté en él, sobre la tierra. Y fue así. Produjo,
pues, la tierra hierba verde, hierba que da semilla
según su naturaleza, y árbol que da fruto,
cuya semilla está en él, según su género.
Y vio Dios que era bueno".*
Génesis 1:11 - 12.

Verdad Profunda

Cada vez que usted habla, usted está sembrando semillas que se reproducirán en su territorio. Tenga cuidado y siembre semillas correctas, porque sin duda, recogerás en gran numero todo lo que salga de tu boca.

"No os engañéis; Dios no puede ser burlado: pues todo lo que el hombre siembra, eso también cosecha". Gálatas 6:7.

En la lección anterior, declaraste la Expansión, y preparaste todo para comenzar a usar el Poder Profético de los ganadores.

Este es el Poder que siembra en terreno limpio, semillas correctas para obtener los mejores y más grandes resultados.

Esta es la clase de semilla que usted anhela sembrar: Y por lo general, las personas que no conocen este código, tratan de comenzar sin separar los ambientes, y sin declarar Expansión sobre su territorio. El eterno creador, al tercer día, después de haber liberado y separado las aguas de las aguas, y cuando vio que estaba listo su territorio declaró, la clase de semilla, que quería sembrar.

Aquí hay un secreto de alto nivel, haz la lista de la clase de árbol que quieres que nazca en tu territorio, como por ejemplo:

El árbol de la Sabiduría, la Ciencia, el Gozo, el Bien y la Misericordia. E árbol de la buena salud, la armonía familiar, y el de las generaciones sacerdotales fieles a Dios.

Siembra a través de la profecía, el árbol de la prosperidad económica, y el de ministerios serios, ordenados y fructíferos en Dios.

Nunca olvides eres una persona ganadora. Durante años, tu territorio estaba ocupado por la maldad, la angustia y el dolor, pero ahora lo has limpiado con el agua de la Palabra y puesto la Palabra Semilla, que está en tu espíritu. Tú hablas con autoridad, sembrando la mejor semilla, y todo lo que siembres hoy; prosperará.

Siembra, declarando que:

- ❖ Tengo, los mejores hijos.

- ❖ Tengo, los mejores discípulos y discípulas.

- ❖ Tengo, Unidad, perdón y armonía en mi equipo.

❖ Tengo, Fe, amor, esperanza, buena comunicación en mi familia, y con los discípulos que Dios te da.

Hoy es el día de establecer el tipo de planta que tu quieres que se dé en tu propio territorio, y en los que vendrán después de ti.

Y les habló muchas cosas por parábolas, diciendo: He aquí, el sembrador salió a sembrar. Mateo 13:3.

Este día es espectacular y glorioso, porque lo experimentarás sobre tus generaciones en los próximos días, meses y años. Disfrutaras de los nuevos caminos de la grandeza de Dios. El tiempo que esto pueda tomar no importa, pero hoy, es necesario que declares la clase de árbol que quieres que se dé en los hijos que lleven tu marca.

No te pongas frenos si tienes inclinación por los negocios. Siembra los mejores empresarios, si tienes inclinación por la educación, siembra catedráticos, profesores, directores de colegios, rectores universitarios, catedráticos. Puedes sembrar generaciones de altos dirigentes políticos, gobernadores y presidentes.

En el mundo ministerial declara que Dios te da generaciones, con los 5 ministerios. Generaciones poderosas en la Palabra, generaciones de éxito. Profetiza lideres, discípulos tuyos con visiones millonarias en el reino, congregaciones con un millón de miembros o más. En la medida que declares la Palabra estarás sembrando la Mejor Semilla sobre tu territorio, y todo lo que Siembres lo Cosecharás.

Debes sembrar declarando generaciones libres de todas las maldiciones de tu familia, de tu tierra y de tu pueblo, es necesario moverte, en poder y autoridad, sembrando.

*"Por la fe entendemos haber sido constituido el universo
por la palabra de Dios, de modo que lo que se ve
fue hecho de lo que no se veía".*
Hebreos 11:3.

Hoy tu puedes sembrar proféticamente el destino de tus próximas generaciones, Cada palabra que salga de tu boca, se cumplirá en tu vida, y de toda tu descendencia, es necesario que seas cuidadoso y siempre estar atento a la voz del Espíritu Santo. Se cuidadoso en lo que digas, hoy es día de sembrar, porque naciste para ganar.

*El hombre será saciado de bien del fruto de su boca;
Y le será pagado según la obra de sus manos.*
Proverbios 12:14.

La Ley de la Semilla Eterna

Cuando Dios te hizo en la eternidad, te hizo con palabras. Antes de tu hechura física, tú eras una "**palabra espíritu eterno**". Pero la "**palabra espíritu eterno**" es una semilla que cuando es sembrada, fructifica, se multiplica y se desarrolla una gran plantación de generaciones de seres humanos diferentes.

Abran y Abraham:. En estos dos nombres, hay dos cosas diferentes, Abran es Semilla y Abraham es un bosque infinito.

Observe que Dios dijo a Abran, *"Hare de ti, una nación grande. Te engrandeceré y te bendeciré."*

El poder de la grandeza, y de la multiplicación. Este texto termina diciendo: y por tu semilla expansiva, *"serán benditas, todas las familias de la tierra."*

En ti existe una ley de grandeza, de bendición y de multiplicación. Tú no necesitas adularles a los hombres. Lo único que necesitas es entender, que Dios depositó en ti un código extraordinario de sobrenaturalidad.

Declara.

"Soy la semilla de Dios, que sembrada en su visión, me multiplicaré, de tal manera que las naciones de la tierra serán impactadas, a través de lo que sale de mí. Tengo la semilla de la multiplicación. Todo comienza conmigo. Luego mis hijos, y los hijos de mis hijos, se multiplicaran hasta impactar todos los confines de la tierra.

Hoy, ahora mismo necesitas enfocarte en que eres la Semilla de Dios

Hay muchas cosas que has hecho que están desvinculadas de esta verdad. Es necesario que seas firme y radical.

Es necesario que tomes autoridad. Siembra tus pensamientos, tus Semillas y Declara:

- ❖ En mi hay vida, en mi hay gozo, hay paz.

- ❖ Lo que yo tengo, tiene que multiplicarse.

- ❖ Declara soy la semilla de Dios, me tengo que multiplicar.

❖ Lo que yo tengo, la gente lo necesita, soy la semilla de Dios y ahora me tengo que multiplicar.

Oración.

Dios Todopoderoso, en el nombre de Jesucristo,
me levanto, en el Poder de la Palabra,
y declaro que soy el sembrador,
que siembra semillas de esperanzas en mi vida,
en mi familia, en tu iglesia, y en mi ministerio.
Anulo toda palabra negativa, de parte del enemigo.
Toda forma contraria de hablar, en el nombre de Jesús,
ordeno que se seque toda planta estéril,
que solo nos ha provocado: dolor, tristeza, y confusión,
en el nombre de Jesús, renuncio al fracaso, naci para el éxito,
y no acepto otro tipo de semilla que contradiga la palabra de Dios,
en el nombre de Jesús, solo sembrare semillas,
de vida salud y esperanza en mi territorio.

Amen...

 **Semana 2 día 1**

Predestinados para ser Fructíferos

En esto es glorificado mi padre,
en que llevéis mucho fruto y seáis así mis discípulos.
Juan 15:8

Verdad Profunda

Dios te hizo desde la eternidad para que lleves mucho fruto, y que te multipliques; todo lo que sea contrario, a esta ley eterna que el todopoderoso puso dentro de ti, jamás la puedes aceptar, la ley eterna de la fructificación, no vendrá a ti; ya está dentro de ti.

Dios te hizo árbol fructífero. Y tu semilla, está predestinada para ser sembrada, y producir, la sobreabundancia de Dios. Fructificar la buena semilla que hay en ti, es el programa divino en la agenda de Dios para ti, desde antes de la fundación del mundo.

El Poder de la Semilla Eterna está en Ti

Lo que el eterno a colocado dentro de ti, es incomparable con respecto a las cosas duras que usted ha vivido, tu, no naciste para ser escaso, naciste para ser fructífero, tu eres, esa persona que el rey David vio en el Salmo 1.

Bienaventurada la persona, que no anduvo en consejo de malos.
Ni estuvo en camino de pecadores, Ni en silla de escarnecedores
se ha sentado; Sino que en la ley de Jehová está su delicia,
Y en su ley medita de día y de noche. Será como árbol plantado junto

a corrientes de aguas, Que da su fruto en su tiempo, Y su hoja no cae; Y todo lo que hace, prosperará. Salmo 1:1 al 3.

En este Salmo, están grandes verdades acerca de tu vida, tu eres esa persona ganadora, eres esa persona que nació para ser fructífera, y que todo lo que haga prospere, renuncie a otro modelo que no sea este, porque usted está junto al rio de agua de vida; junto al rio de la esperanza; usted con sus raíces está sumergido en el rio donde hay sabia, donde hay vida, y desde allí el eterno te suple, la sustancia eterna que usted necesita, día a día, para fructificar.

- **El Camino de tu Destino es solo; Dar mucho fruto.**

En esto es glorificado mi padre, en que llevéis mucho fruto, y seáis así mis discípulos. Juan 15:8.

Dios, no nos hizo para ser infructífero, Jamás acepte el estancamiento como normal, ni la rutina, ni la muerte, ni el dolor, ni la mediocridad, Dios te hizo, para ser fructífero; su buena mano te diseñó para la sobreabundancia, la agenda de Dios para tu vida, está en que lleves mucho fruto y tu fruto permanezca.

- **Jamás aceptes la esterilidad como normal.**

Lo normal en tu vida es; que usted lleve mucho fruto, si no hay fructificación, es que hay algo en las raíces que está mal, es decir: la parte invisible de su vida, necesita ser ubicada, con la verdad de tu origen, tu hechura en la eternidad. Dígale a Dios de todo corazón que trate con sus raíces. Órele a Dios, Señor todo poderoso; quiero ser fructífero, ayúdame a aceptar de todo corazón; el milagro de la fructificación, rompe de mi vida la maldición de la esterilidad, declaro de todo corazón: nunca jamás seré escaso, porque nací para la fructificación y la sobre abundancia...

Dios se goza, cuando hay frutos en Nosotros.

En esto es glorificado mi padre......

Dios, se goza, cuando hay frutos que permanecen para siempre, solo Dios se goza, cuando se hace lo que le agrada, y esto es dar frutos que permanezcan para siempre. Esto esta radicalmente vinculado a la salvación de las vidas, cada alma salva, es fruto para Dios. Dios no quiere que nuestra vida este llena de egoísmo; el eterno quiere, que usted pueda dar mucho fruto, y que ese fruto permanezca, es necesario que usted entienda, que usted es la persona que va a agradar a Dios, haciendo lo que a él le gusta, dar frutos de vida eterna; es decir cosechar vidas para Dios, frutos de tu trabajo, esfuerzo y amor; Dar fruto es: que otros conozcan que Cristo es, la única esperanza.

Oración.

Dios todo poderoso, en el nombre de Jesús renuncio a toda maldición del reino de las tinieblas, por el poder de la palabra me levanto en fe y creo que tu no nos hiciste, para ser estériles, e infructíferos; por el poder de Dios, renunciamos a la vida de escasez, por la gracia de Dios; nos levantamos como árbol fructífero, y daré frutos en todas las áreas: personales, ministeriales, en mi familia, y en el ministerio de Jesús, Ganando vidas por su amor y misericordia. Bendito Dios, se que el destino de mi vida, no es vivir estancado, sino en dar fruto que exalte su nombre, Por Jesucristo, lo declaro y lo creo; con todo mi corazón. Amén.

Semana 2 día 2

El Pensamiento del Líder Ganador

Encomienda a Jehovah tus obras,
y tus pensamientos serán afirmados.
Proverbios 16:3

Verdad Profunda

En la medida que alineas tus pensamientos, al poder omnipotente de la bendita Palabra de Dios, jamás serás derrotado.

Jesucristo, nuestro líder y maestro por excelencia, nos mostro, de qué forma, debemos con autoridad y carácter enfrentar todo lo que sea contrario a la palabra de Dios. A Jesucristo nada nunca lo desenfocó de su agenda con el padre, siempre estuvo firme en el propósito.

La única manera de triunfar plenamente en toda la MAGNITUD del propósito que Dios a determinado con nuestras vidas; es asumiendo, Radicalidad, Carácter Firme, y Responsabilidad.

La gran batalla de todos nosotros hoy, es con el pensamiento negativo; la maldición de ataque, hacia los sentidos. Es necesario tener carácter y firmeza radical, en lo que usted sabe que es lo más importante. Una de las guerras más sutiles del enemigo, es la batalla con el sentimentalismo; por lo tanto es necesario, ser firmes, fuertes y valientes. Y por nada del mundo dejarse confundir; créale a Dios; y arriesgue lo que sea sin temor, porque solo de ese modo, usted verá el cumplimiento perfecto de todo lo que Dios escribió de usted, desde la eternidad.

> *Desde entonces, comenzó Jesús a declarar a sus discípulos,*
> *que le era necesario ir a Jerusalén y padecer mucho,*
> *a manos de los ancianos, de los principales sacerdotes,*
> *y de los escribas, y ser muerto, y resucitar al tercer día.*
> *Entonces Pedro, tomándolo aparte, comenzó a reconvenirlo,*
> *diciendo: Señor, ten compasión de ti mismo. ¡En ninguna manera*
> *esto te acontezca! Pero él, dijo a Pedro: ¡Quítate de delante de mí,*
> *Satanás! Me eres tropiezo, porque no pones la mira*
> *en las cosas de Dios, sino en las de los hombres.*
> Mateo 16:21 al 23.

Todas las palabras que lleguen a tus oídos, y que estén en contra del plan original que Dios te ha mostrado; debes de renunciar a ellas. Es necesario, diferenciar entre palabras que vengan de la lógica sentimentalista humana, y las palabras que vengan, del conocimiento eterno de Dios. Te conviene aprender a diferenciar entre lo que te ayuda a crecer y lo que te lleva a vivir en derrota.

DESARROLLE TEMPLANZA, Y AUTORIDAD.

Es necesario ratificar el pensamiento de la agenda de Dios, con nuestra respuesta en cada acción y circunstancia; por lo tanto debes tener firmeza en el pensamiento, templanza y autoridad; usted, debe estar atento a lo que Dios le diga, y nunca dudar de Dios, aunque lógicamente todo parezca contrario.

Jesús todo el tiempo estuvo enfocado en el pensamiento del padre, nunca permitió otro tipo de influencia, particularmente rechazó siempre lo que era de la manipulación humana; Jesús, siempre pudo discernir por el espíritu, todo lo que le decían, de donde era; si era conforme a la voluntad de su padre, o era confusión maligna.

Nunca te enfoques en sufrimientos temporales. Se firme y mantén tu pensamiento en el tiempo glorioso que te viene, la manifestación de la gloria superior, afírmate por la fe y en todo lo que Dios ha dicho de ti.

Enfócate en la gloria superior que persigue la obediencia, hay cosas que son necesarias, es decir el puente de cruce para alcanzar la meta de gloria final. Todas las dificultades son temporal nada de lo pasajero se compara con lo grande que el eterno ha predestinado para ti.

Todo ganador sabe que hay cosas que son necesarias.

Declara con firmeza y autoridad:

- Renuncio, a todo lo que es confusión. Hoy afirmo mis pensamientos en la gloria superior.
- Rompo todo hechizo y ataduras, al sentimentalismo. Hoy afirmo mis pensamientos, en la gloria superior.
- No me dejare mover por ninguna palabra lisonjera, llena de mentira humana. Hoy afirmo mis pensamientos en la gloria superior.
- Tendré autoridad para rechazarlo que suene bonito, pero que esté cargado de oscuridad. Hoy afirmo mis pensamientos en la gloria superior.
- Llevare cautivo lo negativo que trata de desanimarme. Hoy afirmo mis pensamientos en la gloria superior.
- Estaré atento para discernir a toda mentira del diablo. Hoy afirmo mis pensamientos en la gloria superior.

- Siempre estaré enfocado en el resultado final y no en la tribulación momentánea. Hoy afirmo mis pensamientos en la gloria superior.

Jesucristo demostró que en vez de huirle a la prueba, es necesario pasar por ella, él sabía que al tercer día resucitaría. Antes de toda graduación, está el examen del quebrantamiento.

La mente de un ganador no puede ser inconstante. Las cosas grandes que nosotros queremos experimentar tienen su precio que pagar, tienen sus luchas y oposiciones, lo grande es el capítulo final, enfócate en los grandes resultados de Dios en tu vida. Por lo general Dios te mueve hacer cosas que otros no han hecho.

El Precio de las Cosas Grandes.

Y aconteció que, como se cumplió el tiempo en que había de ser recibido arriba, Él afirmó su rostro para ir, á Jerusalén. Lucas 9:51.

Lo que Cristo vino a conquistar era lo máximo, era la redención de la humanidad. Por lo tanto, eso era una conquista de un alto precio. El tenía que estar perfectamente enfocado, en el resultado final del esfuerzo. Por eso nunca habló de problemas, habló de cosas necesarias, su foco era en el capítulo final, conforme a la agenda del Padre.

Cuando el líder se expone a pensar en el sufrimiento y en lo duro del sacrificio, el enemigo se aprovecha de eso para robarle la visión y los sueños. Es por eso que millones de personas a pesar de que tienen la semilla de la resurrección y la vida, continuamente se quejan. El enemigo les perturbó los sentidos, a través del sufrimiento temporal.

Jesús reprendió a Pedro.

Tú no puedes permitir que nadie influya en la verdad revelada de triunfo que Dios puso en ti.

Muchas personas pueden analizar el proceso de tu vida lógicamente. Esto es muy peligroso, si tú lo llegas a aceptar, nunca aceptes la manipulación de la lógica humana, venga de quien venga. Por eso Jesús dijo a Pedro **quítate de delante de mí ! Satanás, porque me eres de tropiezo!** Esto implica en que una palabra negativa aceptada puede ser desastrosa, por eso Jesús se paro firme, y reprendió a Pedro diciéndole lo siguiente: Tú no piensas en lo que es éxito verdadero, estás pensando en lo temporal. Hay cosas que son necesarias.

Acepta las cosas que son necesarias, pero que siempre terminaras ganando.

Levante en autoridad. Reprende todo lo que te quiere perturbar. Aléjate de toda ligadura sentimental. Enfócate en lo grande y glorioso del propósito.

Amístate ahora con él, y tendrás paz; Y por ello te vendrá bien. Toma ahora la ley de su boca, Y pon sus palabras en tu corazón.

"Si te tornares al Omnipotente, serás edificado; Alejarás de tu tienda la aflicción; Y tendrás más oro que tierra, Y como piedras de arroyos oro de Ofir; Porque entonces te deleitarás en el Omnipotente, Y alzarás á Dios tu rostro. Determinarás asimismo una cosa, y se te hará firme; Y sobre tus caminos resplandecerá luz." Job 22:22 al 28.

Oración

En el nombre del Señor Jesús
mis pensamientos están firmes
para entender el propósito de Dios.
Rompo toda cadena de maldad. Me desligo de toda cadena
de maldad y temor. No permitiré la influencia diabólica
en mis pensamientos. Estaré totalmente enfocado
en el destino de mi vida, porque estoy predestinado para ganar,
ninguna lucha temporal se compara con la gloria superior
del que me escogió desde antes
de la fundación del mundo.

Amen...

 Semana 2 día 3

El Gran Éxito tiene Su Precio

He aquí que mi siervo será prosperado,
será engrandecido y exaltado,
y será puesto muy en alto.
Isaías 52:13.

Verdad Profunda

Usted verá la gran prosperidad. Descubra a Agenda del Triunfo.

Dios antes de permitir que usted pase por ciertos momentos contrarios, él mismo, determina su éxito por adelantado. Porque Dios no le hizo perdedor o perdedora, Dios no lo ve como fracasado, mucho antes de cruzar, Dios le dice, lo que él hará con usted.

El padre eterno habló estas palabras, acerca de Jesucristo, ante de relatar el proceso de Isaías 53. Cuando Dios presenta el plan redentivo, jamás se enfoca en el sufrimiento. Dios dice la recompensa extraordinaria, que le dará a usted por causa de la obediencia; le dará, cuatro estaciones claves, estas son:

1. Prosperidad
Y el varón se engrandeció, y fue adelantando y prosperando, hasta hacerse muy poderoso: Génesis 26:13.

Toda persona que se ha rendido a servir a Dios de todo corazón, siempre terminará prosperado. La primera palabra es Prosperidad.

Porque definitivamente despojarse de la gloria, para asumir la naturaleza pecaminosa, esto era exageradamente humillante, para Jesucristo el redentor; sin embargo el padre dice que le prosperaría.

Esto representa, uno de los códigos más extraordinarios que se activa, en toda persona que acepte el propósito de Dios, sin dudas o temores. Quiero que usted sepa que, en la medida que usted honra, la comisión que Dios le ha puesto, usted nunca será perdedor, usted está predestinado para ganar. Por encima de todas las circunstancias, siempre ganará. Siempre el capítulo final de la historia, será Prosperidad.

2. Mi Siervo será Engrandecido.

Y le bendijo, y le dijo: Bendito sea Abram del Dios altísimo, poseedor de los cielos y de la tierra. Génesis 14:19.

Aunque usted, no anda buscando fama, toda persona que se dedica a servir a Dios, el Eterno le hace famosa, ante los ojos del mundo, Dios le dijo a Abraham, tu nombre será Bendición.

Los procesos de servir, cuando se hacen con firmeza y fe, siempre terminarán con recompensas extraordinarias. Nunca terminará el plan eterno de Dios para usted, en Fracaso. Siempre la buena mano de Dios, estará con usted, para llevarle a ese nivel de gloria que Dios ya escribió en su agenda para usted.

3. Y Exaltado

Dijo más Faraón á José: He aquí yo te he puesto sobre toda la tierra de Egipto. Génesis 41:41.

Cuando Dios nos llama, todo principio es esforzado, pero según nuestra profundidad y humillación, el capítulo final de nuestras vidas, siempre terminará, en exaltación.

Por lo general, el capítulo final de todo proceso, cuando determinamos honrar a Dios, es la exaltación. El eterno Dios que te llamó, no te dejará avergonzado. Nunca te detengas en la prueba, nunca te detengas, cuando alguien se burle. No te detengas. El capítulo final de tu vida está centrado en que Dios te Exaltará.

4. Serás puesto muy en Alto

Por lo cual Dios también le ensalzó á lo sumo, y le dio un nombre que es sobre todo nombre; Para que en el nombre de Jesús se doble toda rodilla de los que están en los cielos, y de los que en la tierra, y de los que debajo de la tierra.   Filipenses 2:9 y 10.

Toda persona que honra a Dios, su testimonio trasciende a la eternidad, por los siglos de los siglos. Amén.

Esta es la palabra de Cierre de la profecía. Cuando aceptamos el proceso de ser, la persona ganadora que Dios predestino, el día de la recompensa, es incomparable. La expresión serás puesto muy alto; revela, que hay lugares extraordinarios, que Dios ha reservado, para personas que estén dispuestas, a aceptar la santa comisión, y el llamado de Dios.

Estas cuatro palabras, dichas por el padre acerca del Cristo, Dios las activa a tu favor. Por tu obediencia; serás prosperado. Por la perseverancia; serás enaltecido. Y por creer a Dios; serás puesto muy en alto. Por lo tanto; persevera. Estás Predestinado para Ganar.

Declaración Profética

En el nombre que es sobre todo nombre, me levanto en el poder de la palabra, para no estar enfocado, en la leve tribulación momentánea, sino al contrario, en entender que todo lo que venga a mi vida, no se compara con la gloria venidera que Dios predestino para mi, desde antes de la fundación del mundo. Acepto el reto; creo la gran agenda de Dios para mi vida.

Jamás, permitiré que el pensamiento negativo, me robe la firmeza, de lo que Dios predestino para mi vida, acepto el reto creo su plan eterno.

En el nombre de Jesús, se que la grandeza, la fama, es normal, a Dios sea toda la gloria y la honra, perseverare en el propósito, acepto el reto, creo en la gran recompensa.

La activación del Tercer Día de Gloria.

- Mi mente está enfocada; en mi tercer día de Gloria

- Mi esfuerzo están enfocado; en mi tercer día de Gloria

- Luchare al precio que sea; porque sé que hay un tercer día de gloria

- Las batallas temporales nunca me detendrán; porque se hay un tercer día de gloria.

- Nunca permitiré que nada me distraiga, ni las cosas pequeñas ni las cosas grandes;

Porque hay para mí un tercer día de Gloria.

- Estoy listo para enfrentar lo que sea y ser fuerte;

Porque hay para mí un tercer día de gloria.

- Me levantare y honrare a mi Dios todos los días de mi vida; porque sé que hay para mí un tercer día de gloria para mí.

Dios te ha enviado, con una misión extraordinaria a cumplir a través de ti en este mundo y a pesar de que usted tenga que enfrentar algunas incomodidades temporales, es necesario que usted; nunca piense en lo transitorio, sino en la gloria superior que viene por la obediencia.

De cierto, de cierto os digo, que si el grano de trigo no cae en la tierra y muere, Él solo queda; mas si muriere, mucho fruto lleva. Juan 12:24.

El que ama su vida, la perderá; y el que aborrece su vida en este mundo, para vida eterna la guardará Juan. 12:25.

Y el que siega, recibe salario, y allega fruto para vida eterna; para que el que siembra también goce, y el que siega. Juan 4:36.

Y cualquiera que dejare casas, ó hermanos, ó hermanas, ó padre, ó madre, ó mujer, ó hijos, ó tierras, por mi nombre, recibirá cien veces tanto, y heredará la vida eterna. Mateo 19:29.

Toda persona que se ha esforzado por la obra de Dios siempre ha terminado puesto muy en Alto.

Millones desprecian el servirle a Dios porque no entienden que siempre habrá un tercer día de gloria para todo aquel que obedece a Dios y a su Palabra.

Dios nunca te llama para dejarte avergonzado, Dios, te llama para que si le obedeces, te exaltara y te pondrá muy en Alto.

Oración

Dios todopoderoso, en el nombre de Jesucristo,
me levanto en el poder de las santas escrituras, porque creo en ti,
sé que mi vida está predestinada, para cosas extraordinarias
desde antes de la fundación del mundo. Eterno Dios;
tú me has presentado un camino y veré manifiesta,
en esta humanidad tu grandeza, eterno creador;
se que los próximos días, horas, minutos,
y segundos son de manifestación de exaltación, gloria,
milagros, grandeza y éxito, todo ocurre porque es imposible,
que lo grande y lo que ya me tiene predestinado
se deje de cumplir en mi.
Amén...

 Semana 2 día 4

Rompe el Sentimentalismo y
Avanza por la Visión

Y alzó Lot sus ojos, y vio toda la llanura del Jordán,
que toda ella era de riego, como el huerto de Jehová,
como la tierra de Egipto en la dirección de Zoár,
antes que destruyese Jehová a Sodoma y a Gomorra.
Entonces Lot escogió para sí toda la llanura del Jordán;
y se fue Lot hacia el oriente, y se apartaron el uno del otro.
Abraham acampó en la tierra de Canaán, en tanto que Lot habitó
en las ciudades de la llanura, y fue poniendo sus tiendas
hasta Sodoma. Mas los hombres de Sodoma eran malos y pecadores
contra Jehová en gran manera. Y Jehová dijo a Abraham,
después que Lot se apartó de él: Alza ahora tus ojos, y mira
desde el lugar donde estás hacia el norte y el sur, y al oriente
y al occidente. Porque toda la tierra que ves, la daré a ti
y a tu descendencia para siempre. Y haré tu descendencia
como el polvo de la tierra; que si alguno puede contar el polvo
de la tierra, también tu descendencia será contada.
Levántate, ve por la tierra a lo largo de ella y a su ancho;
porque a ti la daré. Abraham, pues, removiendo su tienda,
vino y moró en el encinar de Madre, que está en Hebrón,
y edificó allí altar a Jehová. Génesis 13:10-18

Verdad Profunda

Miles de personas predestinadas para una misión extraordinaria, son distraídas por otros personajes que aunque se benefician de su sombra, no entienden, ni respetan su llamado.

Aunque te duela; sepárate y enfócate. En la visión que Dios puso en ti, en la medida que crezcas y aprendas a vivir por la fe y nunca por vista, usted experimentará el cumplimiento de cada palabra, que Dios le haya dado.

Por nada del mundo pierdas tu tiempo, con personas que no entiendan, ni respeten la visión que Dios, puso en ti. Hay personas que uno las quiere, pero nadie puede entenderte, a menos que Dios le revele, lo que Dios ha puesto sobre tu vida.

El ejemplo de Abraham con respecto a su sobrino Lot, es una muestra de firmeza, carácter y fe; su aptitud ante su sobrino Lot fue radical; Abraham sabía en su espíritu, que Lot aunque era su sobrino, no entendía, no valoraba, ni respetaba, la visión profética que ardía en su espíritu, por lo tanto, el padre de la fe, le dijo: juntos no podemos andar.

"Así como nadie puede llamar a Jesús Señor sino es por el Espíritu..."

Tampoco nadie puede entenderte a menos que tenga la revelación de lo que Dios hará con usted; solo por revelación se pueden entender a las personas escogidas para misiones especiales.

Y hubo contienda entre los pastores del ganado de Abraham y los pastores del ganado de Lot; y el cananeo y el ferezeo habitaban entonces en la tierra. Entonces Abraham dijo a Lot: No haya ahora altercado entre nosotros dos, entre mis pastores y los tuyos, porque somos hermanos. Génesis 13:7- y 8

¿No está toda la tierra delante de ti?
Yo te ruego que te apartes de mí.
Si fueres a la mano izquierda, yo iré a la derecha;
y si tú a la derecha, yo iré a la izquierda. Y alzó Lot sus ojos,
y vio toda la llanura del Jordán, que toda ella era de riego,
como el huerto de Jehová, como la tierra de Egipto en la dirección
de Zoár, antes que destruyese Jehová a Sodoma y a Gomorra.
Entonces Lot escogió para sí toda la llanura del Jordán;
y se fue Lot hacia el oriente, y se apartaron el uno del otro.
Génesis 13:9 al 11

Andar con personas que te desgastan mental y espiritualmente, creando ambientes contrarios, en tu equipo, es absolutamente peligroso. Es preferible perder a una persona, pero no perder la visión de Dios, ni el tiempo.

Hay personas asignadas por Satanás, para desgastarte. Necesitas y debes ser firme. Actuar con templanza, carácter y autoridad. Por nada del mundo, pierda su Tiempo y la Visión que Dios te dio.

Rompa con los hechizos sentimentales.

Es necesario que usted entienda que no todo el mundo le puede ayudar, solamente las personas asignadas por Dios. Lot, no era una asignación divina en la vida d Abraham, y Dios se lo había alertado:

Pero Jehová había dicho a Abraham: Vete de tu tierra y de tu parentela, y de la casa de tu padre, a la tierra que te mostraré. Génesis 12:1.

Cuando Dios llamo a Abraham, le dijo que se retirara de su parentela, y que ni siquiera anduviera con ellos. Pero precisamente, fue el sentimentalismo lo que le hizo daño a Abraham al llevar a Lot en su viaje hacia el éxito.

Usted no desprecie a nadie, pero en las misiones especiales que Dios te asigna para cumplir; solo se debe unir a personas con la Visión del Padre Eterno. Y que entiendan perfectamente en su espíritu el propósito de Dios en ti. Asegúrese que cada persona intima que ande con usted no le sea tropiezo en la agenda de Dios para usted.

Rompa con el sentimentalismo. Si usted quiere ganar, venza el dolor emocional; se ahorrara malos momentos, y Dios le prosperará abundantemente.

Y Jehová dijo a Abraham, después que Lot se apartó de él:
Alza ahora tus ojos, y mira desde el lugar donde estás hacia el norte
y el sur, y al oriente y al occidente. Porque toda la tierra que ves,
la daré a ti y a tu descendencia para siempre.
Y haré tu descendencia como el polvo de la tierra;
que si alguno puede contar el polvo de la tierra,
también tu descendencia será contada
, Génesis 13:14 al 16

Hay dos maneras de caminar en esta vida: A través de los sentidos, ó a través de la Visión eterna que Dios te dio.

Cuando aprendemos que vivir por la Visión de Dios, es porque entendemos que es lo único que nos puede traer los mejores resultados. Nos levantamos de las pruebas y luchas que vienen en contra de nosotros y a través de la visión, nos afirmamos en el propósito de Dios.

Alza tus ojos.

Estas palabras se las dijo Dios a Abraham, cuando Lot se apartó de él, definitivamente la tristeza había golpeado el corazón de Abraham, pero el eterno le dijo que levantara sus ojos. La única manera de triunfar en esta tierra es rompiendo con la maldición del sentimentalismo y centrarnos de todo corazón en la visión de Dios.

Alza tus ojos, y desde el lugar donde estás mira porque la tierra que veas esta te la daré...

- **Lo que Ves te lo Daré**.

El plan del maligno, con respecto a la visión de Dios para que se pierda la revelación, y usted se desgaste espiritualmente y emocionalmente. Pero en el nombre de Jesús levante su mirada y proyecte la visión y proyecte fe, que allí hay un secreto súper poderoso. Lo que usted mire; eso es lo que va a obtener.

Las batallas sentimentales lo único que hacen es perturbar la visión, y cuando no hay visión clara existe la confusión la duda y la incredulidad.

A través de la visión, usted supera todos los problemas y dificultades, y asegura el futuro, trayéndolo a tu presente esto te da fuerzas para caminar.

Después de esta gran batalla Abraham se levantó salió del territorio del dolor, y adoró a Dios, es decir Abraham se conectó porque estaba totalmente distraído.

Toda relación que te desgasta, emocionalmente porque siempre están metidos en problemas, y te roban la adoración, es un peligro para que usted experimente la gloria superior.

Cuando Lot se apartó de Abraham, este adoró otra vez. Usted puede saber que todo lo que le saque y desconecte de tu adoración. Es un peligro, nunca olvides que la gloria superior es un camino de profunda adoración. Por eso cuando Abraham, se separo de Lot, volvio y adoró.

"Lo que ves te lo Daré..." Esas palabras son sumamente omnipotentes. Dios se las dijo a Abraham: *Todo lo que ves te lo daré*, a través de la visión usted posee y gobierna.

Como enviado de Dios para su vida, le recomiendo que anule y rompa con toda batalla sentimentalista, y levántese, y de inmediato comience a mirar; la visión de Dios.

Practique el Poder de la Adoración profunda en su vida, y vera la gloria de Dios, todo lo que usted vea, Dios se lo dará.

Declaración de Fe y Poder:

En el nombre de Jesús. Renuncio a vivir de los sentidos. Renuncio a toda atadura y ligadura de fracaso. Rompo con toda relación maldita, que me robe la paz espiritual. Rompo con todo tipo de relación, que no esté alineado a la visión de Dios.

Oración

Dios todopoderoso, en el nombre de Jesús,
hoy me levanto en fe, abro mis ojos y comienzo a ver
cada detalle de la visión que Dios dijo para mi, en el nombre de Jesús
la maldición del sentimentalismo queda atrás,
y rompo con toda ligadura sentimentalista,
que sea contraria a la palabra de Dios.

Por el poder de la Palabra,
me levanto en fe, en el nombre de Jesús,
sabiendo que todo lo que veo, ya lo tengo,
cuando me muevo en el espíritu, se que ver, es poseer.
Puedo ahora adorar con libertad,
y experimentar en mi vida,
el gozo de Dios.
En el nombre de Jesús.
Amén.

 Semana 2 día 5

Conquista a través de la Oración

Levantándose muy de mañana, siendo aún muy oscuro,
salió y se fue a un lugar desierto, y allí oraba.
Y le buscó Simón, y los que con él estaban; y hallándole,
le dijeron: Todos te buscan. El les dijo: Vamos a los lugares vecinos,
para predicar también allí; porque para esto he venido.
Marcos 1:35 al 38.

Verdad Profunda

Bien temprano comenzando su vida cristiana, Pedro se dio cuenta, que era necesario vivir una vida profunda en oración, ya que vio, que Jesús antes de salir a predicar, se levantaba temprano, aun oscuro, y oraba.

Para conquistar y tener éxito en el día, es necesario vivir, una vida profunda en oración, es muy importante aprender que levantarse temprano a orar, abre las puertas del cielo.

No hay nada más importante que la Oración.

Entonces los doce convocaron a la multitud de los discípulos,
y dijeron: No es justo que nosotros dejemos la palabra de Dios,
para servir a las mesas. Buscad, pues, hermanos,
de entre vosotros a siete varones de buen testimonio,
llenos del Espíritu Santo y de sabiduría,

a quienes encarguemos de este trabajo. Y nosotros persistiremos en la oración y en el ministerio de la palabra. Hechos 6:2 al 4.

Cuando nosotros comenzamos a agradar a Dios, nuestra vida es llena de éxitos, y de gloria. Pedro en tendió que lo más importante era orar, vivir una vida conectada con su Dios. Pedro dijo: No *nos conviene distraernos*; es necesario vivir una vida profunda en comunión y oración con Dios, eso es lo único que nos da la base necesaria, para ser fiel a Dios y efectivos en nuestras misiones asignadas diariamente por el Dios de la eternidad.

Pedro vio que Jesús vivía en oración, desde la madrugada, por lo tanto él no quería cometer el error de que algo le distrajera. Hoy día las personas de mayor éxito en el mundo, aplican en su vida, un tiempo importante de oración, para así tener victoria, todos los días de su vida.

LA MAYOR PLATAFORMA

La verdadera plataforma de éxito está en la Oración y la Palabra. Es necesario tener grandes y profundos tiempos de conexión espiritual para no cometer errores.

Hay que estar claro, que cuando uno vive sin vida de oración. Lo único que se comete son errores, y pecado. En la vida de oración, usted puede, conseguir todos los milagros que en esta tierra necesita. Diariamente aprendemos cosas, pero en la medida que vivimos en oración, tendremos éxito, en todo, porque dependemos totalmente de nuestro Dios.

- **La Oración asegura, todo tipo de Milagros**

Por tanto, os digo que todo lo que pidiereis orando, creed que lo recibiréis, y os vendrá. Marcos 11:24.

Solo cuando vivimos una vida poderosa y profunda en oración, aseguramos la respuesta de Dios. Es necesario que usted le crea a Dios, y sepa que estar en profunda comunión con Dios es el único camino para asegurar la activación de la gloria superior.

La vida de oración es el camino a nuestra libertad, a través de la oración, se activa la salvación de nuestra familia. A través de la vida de oración, todo lo que usted pida creyendo a Dios, se lo dará.

- **Aprenda el valor de la Oración de Madrugada**

Los milagros más grandes en la palabra de Dios, ocurrieron en la madrugada, por eso es el gran valor, de la oración de madrugada, ya que es necesario, que nosotros controlemos todo primero, y temprano en el mundo espiritual.

- **La Batalla en la noche se rompe Solo con Oración.**

Los demonios trabajan de noche, y planifican destrucción, dolor, y maldad. Todo lo que es sufrimiento, ocurre a través de la planificación diabólica, pero cuando usted se levanta en la madrugada a orar temprano, usted podrá asegurar estas bendiciones:

1. Oirá la voz de Dios.

2. Tendrá la dirección divina, para el resto del día.

3. Dios le mostrará donde debe ir, para que no cometa errores.

4. Podrá vencer. Toda tentación.

5. Podrá activar con fuerza, la derrota del enemigo.

Orando temprano

Lo más importante de orar temprano, es imitar el ejemplo de Jesús, y usted triunfará, en todo lo que emprenda en el día.

Muchas veces se cometen errores dolorosos en el día, y todo está vinculado, con la baja vida de oración.

Conclusión

Si algo usted debe tomar en cuenta, para todo, es la vida de oración, a usted no le conviene improvisar su futuro, ni el de su familia.

A usted le conviene tener firme comunión con Dios en oración, así evitará entrar en tentación.

Cuando llegó a aquel lugar, les dijo: Orad para que no entréis en tentación. Lucas 22:40.

Solo las personas que viven vida profundamente entregadas a la oración, tienen éxitos verdaderos.

A usted le conviene sacar tiempo diario para orar en la madrugada, y de esa manera verá la gloria de Dios en usted, en su vida y en su familia.

Guía, G.P.S

1. Diariamente tenga un devocional, en las primeras horas del día.
2. Medite profundamente, los versículos de la palabra de Dios.
3. Tome nota, de lo que el Espíritu Santo, le indique.
4. Ore por su familia; nómbrelos y bendígalos.
5. Antes de acostarse, revise sus metas, pídale a Dios espíritu de revelación, mientras su cuerpo descansa.

Oración.

Dios todopoderoso, en el nombre de nuestro Señor,
Jesucristo me levanto en fe y vida profunda de oración,
porque no quiero caer en tentaciones,
Quiero ordenar mi vida, se que vivir sin orar
es vivir lejos de ti, me propongo a vivir
todos los días de mi vida, rendido a ti, en oración,
para no cometer errores, siguiendo el ejemplo de Cristo,
porque estoy Predestinado para Ganar,
y no puedo vivir desconectado,
de la gloria superior...
Amén.

 **Semana 2 día 6**

Tus Códigos están escritos en
La Eternidad

Todo lo hizo hermoso en su tiempo;
también ha puesto eternidad en el corazón de ellos,
de modo que el hombre no alcanza a comprender la obra que Dios
ha hecho desde el principio hasta el fin. Eclesiastés 3:11

Verdad Profunda

Todos nosotros tenemos un código interno, que viene a través de la voz del Espíritu Santo. Aunque no existan condiciones lógicas cuando la escuchamos, nunca la voz del Espíritu, desde lo más profundo de nuestro ser, puede fallar.

El código de la voz profunda del Espíritu,   te guiará siempre a la ruta del éxito, porque usted está Predestinado para Ganar.

Aunque de la forma como te hayan criado, y las costumbres de muchos de tus conocidos sea de vivir perturbado, en ti hay una señal de éxito, que marca tu espíritu; tu estas predestinado para ganar.

Y aconteció en los días que gobernaban los jueces, que hubo hambre
en la tierra. Y un varón de Belén de Judá fue a peregrinar en los
campos de Moab; él, su mujer, y dos hijos suyos. Rut. 1:1.

El ataque muchas veces en las áreas económicas, es uno de los síntomas, de cuando Dios te está moviendo a una estación para ganar.

En tiempo en que Dios había predestinado su gloria en Rut; permitió una gran hambruna, que sacudiera la tierra donde más adelante nacería el mesías, es decir, Belén. Esta hambruna era con el único objetivo de que moviera a su escogida Noemí, para que fuese a los campos de Moab, con el fin de encontrar, a Rut; el vientre que estaba predestinado, para que fuese de las mujeres que en la biblia estaba escogida desde antes de la fundación del mundo. Este vientre seria uno de los que se constituiría en genealogía del Cristo.

Entonces la crisis no es crisis; es la fuerza que me impulsa a encontrarme, con el propósito ganador.

El nombre de aquel varón era Elimelec, y el de su mujer era Noemí: y los nombres de sus dos hijos eran Majalón, y Quelión: eran Eufrateos de Belén de Judá; y llegando a los campos de Moab, asentaron allí.
Rut 1:2.

Por lo general, toda persona predestinada para cosas grandes y sobrenaturales, el mismo espíritu de Dios, le hace hacer movimientos que en múltiples ocasiones parecen fracasos o derrotas.

Dejar, la tierra de Belén, territorio mesiánico, para ir a territorio de pecado, es decir zona de los Moabitas, donde se adoraban otros dioses, donde había otra cultura, era sumamente duro para esta familia hebrea, pero toda persona predestinada para ganar les ocurren cosas raras y extrañas. Pero lo importante de esto, es que independientemente de las contrariedades, y de que existan, movimientos extraños, y pasos que con nuestra noción mental no entendamos, nunca te olvides de que nuestra vida está escrita por la mano de Dios, y estamos Predestinados para Ganar.

Esta familia, llegaron a un territorio moabita; es decir pueblos paganos, y rebeldes contra Dios.

Y Elimelec, el marido de Noemí murió,
y quedó ella con sus dos hijos:
Rut 1:3.

Estando allí, se le presenta un duro ataque personal a Noemí, murió su marido, y ninguna mujer quiere perder su marido, el hombre de la provisión del hogar; ahora, Noemí tiene que enfrentar la vida, sin un compañero, era una batalla dura y fuerte.

A partir de esta experiencia dolorosa, Noemí tenía que reprogramarse, sin su marido, y ahora con sus hijos, como extranjera, y peregrina, en una tierra con cultura distinta al pueblo de Israel. Tenía que ser fuerte y tomar el sacerdocio profético de la familia; de tal manera, que pudiera salir adelante, ante esta adversa situación.

Lo grande de todo esto, es que en Noemí, había un código superior que le indicaba que aunque ella, era extranjera en Moab, estaba Predestinada para Ganar.

❖ **Sus Hijos se Casaron.**

Los cuales tomaron para sí mujeres de Moab, el nombre de la una fue
Orfa, y el nombre de la otra fue Rut, y habitaron allí como diez años.
Rut. 1:4.

Para una persona de cultura Hebrea, no es tan fácil aceptar que sus hijos o hijas se casen con extranjeros, dentro de la cultura hebrea esta la protección genética; pero todo esto era un movimiento sobrenatural, y divino. Dios estaba controlando todo, el Espíritu profético movió a su ungida Noemí, la movió de las tierra de Belén a buscar a un vientre, en el cual, más adelante, correría la semilla mesiánica.

❖ **Aumenta la Presión.**

> *Y murieron también los dos hijos de Noemí,*
> *Majalón, y Quelión, y la mujer quedó desamparada*
> *de sus dos hijos y de su marido.* Rut. 1:5.

Ahora, Noemí comienza a vivir una experiencia aun más dura, desde el punto de vista de razón y los sentidos; *"sus hijos murieron"* , ya había muerto su marido, y sus nueras después de diez años, sin haber dejado descendencia, quedaron con ella. Ahora Noemí, sin marido, sin hijos, sin nietos, ni descendencia; y en gran batalla económica.

Cuando nosotros observamos esta adversa situación; solo podemos reflexionar; Dios, nunca se olvida de sus hijos. Imposible que el maligno prevalezca, nuestra vida está escrita por la mano de Dios.

Para Nohemí parecía el más rotundo fracaso, para un ser humano. Eso era según la razón, pero el eterno tenía su plan, porque estamos Predestinados para Ganar.

> *Y levantándose con sus nueras, se volvió de los campos de Moab:*
> *porque oyó en el campo de Moab, que Jehová había visitado*
> *su pueblo para darles pan.* Rut 1:6.

El ruido de las malas noticias que te llegan; no pueden ser más fuertes que la buena noticia que Dios determinó para ti. Por un lado, a los oídos de Nohemí, había llegado: pobreza, ruina, dolor. Que muriera su marido, y sus hijos también murieron sin dejarle descendencias, era fuerte, Pero el diablo, lo que no quería era que Nohemí escuchara; que en Belén, Dios estaba visitando su pueblo.

Nota Profética: Cuando usted sienta la presión del enemigo; no se olvide, que usted está predestinado para ganar; y que el ruido y presión del enemigo, solo indica, que la gloria eterna superior, es mayor millones de veces, que las pruebas que usted pueda estar pasando. Cuando, Noemí, estaba en el momento de mayor presión, Dios, volvió a visitar a su pueblo con pan.

El ruido, el dolor, la opresión, las malas noticias y la desgracia, por lo general, se presentan cuando algo muy grande, y extraordinario se está manifestando a tu favor.

Los síntomas de que el tiempo de las grandes bendiciones ha llegado, para ti; la adversidad, la tristeza, y el dolor, lo único que eso revela, es la manifestación de un nuevo tiempo. Abre tus oídos, no te quedes en territorios de adversidad, no te quedes, en la estación de la tristeza, alza tus ojos, devuélvete a Belén. Dios está visitando, tu nación.

Salió pues del lugar donde había estado, y con ella sus dos nueras, y comenzaron a caminar, para volverse a la tierra de Judá. Rut 1:7.

La única manera de que se active lo sobrenatural, es a través de la acción. Lo extraordinario de Dios, no se manifestará nunca, para los que se quedan estancados en la mente y el sufrimiento, la unción opera efectivamente a nuestro favor, es a través de la acción. Dios nunca se manifestará plenamente en los que se quedan estancados, en el mar del dolor. Los que tienen códigos ganadores como usted, se levantan y avanzan, hasta el territorio de su avivamiento. Hay un Belén de Dios a tu favor, hay un territorio, donde hay pan para ti.

Y Noemí dijo: a sus dos nueras: Andad, volveos cada una a la casa de su madre, Jehová haga con vosotras misericordia, como la habéis hecho con los muertos, y conmigo. Rut. 1:8.

Noemí sabía en su espíritu, que no podía entrar a Belén, sin un equipo compacto, sin gente determinada en la visión, y el espíritu profético probo el corazón de las nueras.

Usted realmente no sabe, quien está contigo solo en el momento de presión; realmente sabemos quiénes son las personas, y donde está su corazón, es solo en los momentos adversos. Noemí, tomó la determinación de solo entrar de regreso a Belén, con alguien que estuviese plenamente casada con ella, en el espíritu de predestinación mesiánica.

Ellas lloraron a alta voz. Y dijeron: Ciertamente nosotras volveremos contigo a tu pueblo. Y Noemí respondió: Volveos hijas mías: ¿para qué habéis de ir conmigo? ¿Tengo yo más hijos en el vientre que puedan ser vuestros maridos? Volveos, hijas mías, e idos, que ya yo soy vieja, Y aunque dijese: Esperanza tengo, y aunque esta noche fuese con varón, y aun pariese hijos, ¿Habíais vosotras de esperarlos hasta que fuesen grandes? ¿Habíais vosotras de quedaros sin casar por amor de ellos? No, hijas mías; que mayor amargura tengo yo que vosotras, porque la mano de Jehová ha salido contra mí. Mas ellas alzando otra vez su voz, lloraron: y Orfa besó a su suegra, y se fue, y Rut se quedó con ella. Rut 1:9- 14.

Todas las cosas adversas que nos pasan pretenden probar la integridad del corazón. En Orfa no estaba la predestinación, para que pasara la simiente mesiánica; en Rut... Si.

La cultura de idolatría, y paganismo siempre estuvo con Orfa. En los momentos adversos, en las circunstancias y situaciones, donde no hay respuestas, es donde se revela la verdad que existe en cada corazón. Nunca te sorprendas cuando personas que pareciera que debieran estar contigo, no lo están, eso es parte de la ruta de los ganadores.

La presión y las circunstancias adversas lo permiten así, porque el éxito que Dios te tiene es tan glorioso y tan extraordinario, que él quiere compromisos firmes.

Las dificultades, que a ti se te han presentado, son como el horno de fuego que prueba la pureza del oro. El Eterno a permitido circunstancias duras, para que solo quede contigo lo perfecto, porque lo inconstante y mediocre, no puede disfrutar tu herencia mesiánica, porque tu estas predestinado para ganar.

Y ella dijo: He aquí, tu cuñada se ha vuelto a su pueblo, y a sus dioses, vuélvete tú tras de ella. Rut 1:15.

Generalmente Dios prueba nuestros corazones; en el caso de Noemí, ella desafió a Rut; diciéndole *"tu eres joven, no tengo nada que ofrecerte, mi hijo murió y tu hermana se fue, vete"*.

Esto era una presión profética. Noemí, le subió la temperatura al horno para probar el espíritu y la convicción que existía en Rut, porque Dios, no comparte su gloria con mediocres; el eterno anda buscando alguien, profundamente convicto, en su espíritu; porque en Belén en la casa del pan, no existe personas que estemos hechos para perder, porque todos estamos, predestinados para ganar.

> *Y Rut respondió: No me ruegues que te deje, y me aparte de tí; porque donde quiera que tú fueres, iré: y donde quiera que vivieres, viviré. Tu pueblo, mi pueblo: y tu Dios, mi Dios.*

En las confesiones de Rut, hubo el casamiento profético que el espíritu andaba buscando; es decir un vientre espiritual, un vientre de fe, profundamente comprometido con el propósito de Dios.

Jamás Dios derramará la plenitud de sus bendiciones sobre un indeciso. Las palabras de Rut, fueron un casamiento profético adelantado, en los tiempos, Rut con sus palabras se casó con Jesucristo; *"tu pueblo será mi pueblo, y tu Dios será mi Dios".*

Con esas palabras, impactó el mundo espiritual, y demostró que ella era el vientre que el eterno Dios había escogido, para ser la conductora de la esperma mesiánica, y que estaba predestinada para ganar.

En el Espíritu; Rut no veía fracaso, solo veía ganancia. Aunque en la lógica Nohemí era una fracasada; pero el espíritu de predestinación mesiánico, le hacía a Rut, ver la vida de manera diferente. Veía la vida, como una mujer ganadora, no como perdedora. Ruth no tenía problemas, solo veía y tenía oportunidades.

Es que en la predestinación eterna de ganadores nos hace, hacer cosas inentendibles para la mente humana, y nos hace movernos, irracionalmente. Muchas veces no parecen tener sentido, las cosas que se hacen en obediencia al espíritu profético de ganador.

Lo importante de todas estas locuras, es que cuando actuamos, en obediencia a la ley superior divina, que domina nuestros sentidos. Siempre veremos resultados súper extraordinarios; porque estamos Predestinados para Ganar.

Donde tú murieres moriré yo, y allí seré sepultada:
así me haga Jehová, y así me dé, que sola la muerte hará
separación entre nosotras. Rut 1:17.

El casamiento de Rut con el Dios de los Hebreos.

Con sus palabras Rut se casó, murió y resucitó con Cristo, se ató a la esperanza del pueblo de Israel, se ató a la vida de la grandeza en Cristo, le dio su vientre a Dios. Rut no aceptó el fracaso como normal ella entendió en su espíritu que su vida estaba escrita por la mano de Dios y dijo *"yo salgo de este territorio de fracaso, rompo con la cultura moabita de desorden sexual y acepto la cultura del Dios de los hebreos, quiero vivir comer y morir con esa gente"* Rut 1:16.

Y viendo ella que estaba tan obstinada para ir con ella, dejó de hablarla. Rut1:18.

❖ **Venza la presión y el rechazo.**

Todo el tiempo la fe es probada, y una de las más genuina forma de probar la fe, es la manifestación del rechazo, por lo general donde se manifiesta el rechazo, es el lugar de tu avivamiento.

El Espíritu profético, estaba probando la fe de Rut. Y su determinación a triunfar. Porque en el espíritu, nunca se hacen convenio con lo inestable, es necesario ser firmes; y tan fuerte como la roca, nunca se mueva, donde usted sabe que el poder de Dios, no se está moviendo a su favor.

❖ **Nunca camine por los sentidos**

Millones de personas lo único que hacen es razonar todo. Pero, el Espíritu profético persigue a alguien radicalmente determinado. Dios nunca manifestará la plenitud de su agenda con inconstantes, determinación, es síntoma, radical de que vas a ver la gloria de Dios en tu vida. Nunca seas inconstante.

Anduvieron pues ellas dos, hasta que llegaron a Belén:
y aconteció que entrando ellas en Belén, toda la ciudad se conmovió
por ellas, y decían: ¿No es esta Noemí? Y ella les respondía:
No me llaméis Noemí, mas llamadme Mara,
porque en grande manera me ha amargado el Todopoderoso.

Yo me fui de aquí llena, mas vacía me ha vuelto Jehová.
¿Por qué, pues, me llamaréis Noemí, pues que Jehová me ha oprimido,
y el Todopoderoso me ha afligido? Y así volvió Noemí y Rut Moabita
su nuera con ella; volvió de los campos de Moab, y llegaron a Belén
en el principio de la siega de las cebadas.
Rut. 1:19 al 22.

Nunca pienses que el dolor de las duras circunstancias. Que se te presentan en la vida son verdad, eso no es así; usted esta predestinada para ganar, y de lo que parece una amargura, el eterno tiene un plan de gloria predestinado para ti.

Booz engendró de Rut a Obed, y Obed a Isai.
Isaí engendró al rey David... Mateo 1:5- 6.

Usted ha vivido cosas duras en su vida, ha llorado, ha sido rechazado o rechazada por personas que usted le ha servido, han pasado los días y a usted le han llegados pensamientos de que el fracaso, y de que la deuda la improductividad, y la muerte es su capítulo final.

Dios me envió para decirte, que eso no es cierto, eso es temporal , tu vida está escrita por la mano de Dios, usted esta Predestinada para Ganar. Ese no es el capítulo final de tu vida. Lo grande ahora es cuando está comenzando.

Nunca te detenga en medio de las presiones, es necesario persistir en fe sabiendo que eso que arde en tu espíritu no viene de lo terrenal, sino de la agenda eterna del Dios que escribió tu vida, desde antes de la fundación del mundo. Avanza, sigue firme creyéndole a Dios, que todo lo que está escrito de ti, se cumplirá.

Tu Vida está Escrita por la Mano de Dios.

Y dijeron todos los del pueblo que estaban a la puerta
con los ancianos: Testigos somos. Jehová haga a la mujer que entra
en tu casa como a Raquel y a Lea, las cuales edificaron la casa
de Israel; y tú seas ilustre en Efrata, y seas de renombre en Belén.
Y sea tu casa como la casa de Fares, el que Tamar dio a luz a Judá,
por la descendencia que de esa joven te dé Jehová. Booz, pues,
tomó a Rut, y ella fue su mujer; y se llegó a ella, y Jehová le dio
que concibiese y diese a luz un hijo. Y las mujeres decían a Noemí:
Loado sea Jehová, que hizo que no te faltase hoy pariente,
cuyo nombre será celebrado en Israel; el cual será restaurado
r de tu alma, y sustentará tu vejez; pues tu nuera, que te ama,
lo ha dado a luz; y ella es de más valor para ti que siete hijos.
Y tomando Noemí el hijo, lo puso en su regazo, y fue su aya.
Y le dieron nombre las vecinas, diciendo: Le ha nacido un hijo
a Noemí; y lo llamaron Obed. Este es padre de Isaí,
padre de David. Estas son las generaciones de Fares:
Fares engendró a Hezrón, Hezrón engendró a Ram,
y Ram engendró a Aminadab, Aminadab engendró a Naasón,

> ***y Naasón engendró a Salmón, Salmón engendró a Booz,***
> ***y Booz engendró a Obed, Obed engendró a Isaí,***
> ***e Isaí engendró a David.***
> Rut. 4:11 al 22.

Hay un código interno que está dentro de ti el cual dice que eres una persona ganadora.

Aquel extraordinario día cuando Rut, la que antes era moabita de la tierra de perdedores, pueblo idólatra, y muy desordenado en su cultural cambio de nacionalidad, y le dijo a su suegra Noemí en contra de las circunstancias:

> ***No me pidas que te dejes y que ni me apartes de ti, donde tu vivas***
> ***viviré yo, donde tu mueras moriré, tu pueblo será mi pueblo,***
> ***tu Dios será mi Dios.***

Esas impresionantes palabras no salieron de la mente de Rut; sino desde su espíritu, respondiendo a un código escrito en la eternidad, de que ella sería una persona que había sido escogida para que por su vientre viajara la esperma mesiánica,

Booz con Rut engendro a Obed y Obed es el padre de Isaí e Isaí, el cual es el padre de David, de la Genealogía de Reyes, en David vino el Cristo, una Hija de David. Por eso a Jesús, le decían el hijo de David.

Pero nunca se olvide que antes de David, hubo una Rut que cambió de nacionalidad, porque entendió en el espíritu, que no se podía apartarse de su conexión divina, la cual era Noemí, y por su obediencia también Rut fue madre de Jesucristo.

En ti, así como en Rut, hay códigos de ganador, Dios te guiara por su Espíritu siempre a triunfar, tu no eres una persona perdedora fuiste creada para el éxito, eres predestinado para ganar, avanza, nunca te detengas, escucha la voz de Dios y obedécele, sin cuestionar nada, en ti están todos los códigos de gloria superior. Los códigos de gloria superior: fueron, impregnados en tu espíritu, desde antes de la fundación del mundo. Muévete en fe y obedece, porque:

Estás Predestinado para Ganar.

Hoy declaro de todo corazón que:

> ➤ No caminare por mis sentidos, sino que cada día aceptare la voz de los códigos proféticos eternos, que están dentro de mí.
> ➤ Avanzare por la fe, viviré todos los días de mi vida, con la plena seguridad que se activara, todo lo que Dios predestino para mi, desde antes de la fundación del mundo.
> ➤ Derrotare todas las presiones externas, nada me moverá, del lugar predestinado de Dios para mí.
> ➤ Jamás me alejare del territorio de mi bendición, permaneceré firme, creyéndole a Dios.
> ➤ Sé que recompensa hay para cada uno de mis esfuerzos de fe, jamás dejare, las misiones que el eterno me ha asignado. Cualquier síntoma que venga en mi contra, me indica tiempos nuevos, tiempos de gloria superior.
> ➤ Nunca dudare de la voz de la profecía, la cual me indica que estoy en el lugar correcto y en el tiempo correcto.
> ➤ Viviré bajo pacto eterno sabiendo que este es el camino de la recompensa sobre natural.

Nota. P.G.S. 13

1. Nunca pierdas la fe a la hora de la incomodidad.

2. Tenga en cuenta que a pesar de lo adverso, algo grande Dios está gestando a tu favor.
3. Déjate guiar por la voz del Espíritu de la Gloria superior.
4. Nunca olvides que todo lo que está escrito de ti se cumplirá.
5. La breve lucha temporal no se compara con lo grande que ya te viene en camino.

<u>Declaro en el Nombre de Jesús que:</u>

❖ El ganar es una verdad eterna que está dentro de mí.

❖ El ganar es el código en que andan mis pasos.

❖ El ganar es el lenguaje que entiende mi espíritu.

❖ El ganar es la verdad eterna que me ilumina de día en día.

 **Semana 2 día 7**

Los Problemas no son Problemas;
Son Oportunidades

Hubo un hombre de Ramataim,
sufita de los montes de Efraín,
que se llamaba Elcana hijo de Jeroham hijo de Eliú,
hijo de Tohu, hijo de Zuf, efrateo. Tenía dos mujeres;
el nombre de una era Ana, y el de la otra, Penina.
Penina tenía hijos, pero Ana no los tenía.
Todos los años, aquel hombre subía de su ciudad para adorar
y ofrecer sacrificios a Jehová de los ejércitos en Silo,
donde estaban dos hijos de Elí: Ofni y Finees,
sacerdotes de Jehová. Cuando llegaba el día en que Elcana
ofrecía sacrificio, daba a Penina, su mujer,
la parte que le correspondía, así como a cada uno de sus hijos e hijas.
Pero a Ana le daba una parte escogida, porque amaba a Ana,
aunque Jehová no le había concedido tener hijos.
Y su rival la irritaba, enojándola y entristeciéndola
porque Jehová no le había concedido tener hijos
. 1 Samuel. 1:1- 6

Verdad Profunda

Cuando ves todo lo que te ocurre con el lente correcto, es decir en el Espíritu, entonces veras, que los problemas no son problemas, solo son oportunidades.

Siete de principios de éxito para ganar.

- **Los problemas no son problemas, son oportunidades**. Usted no puede mirar ninguna situación por mas adversa que se parezca como el fracaso más grande de su vida. Es necesario que usted entienda, que hay una vida de victoria sobre usted.

  A los que aman a Dios, todas las cosas ayudan a bien, esto es a los que conforme a su propósito, son llamados. Tenga siempre la confianza y la certeza, de que usted siempre saldrá adelante. Usted tiene, que mirar la vida, como una escalera, donde las distintas situaciones que se le presenten son un reto para el siguiente para subir al siguiente escalón.

Cuando llegamos a entender que los problemas, no son problemas, sino que son oportunidades; usted aprenderá a tener una concepción distinta de la vida, y siempre saldrá airoso.

- No te llenes de amargura en contra de tus enemigos. Ana tenía una rival llamada Penina, y Penina tenía hijos, pero Ana no. Y una de las cosas que provoca la burla de Penina era tener el corazón de Ana lleno de amargura.

Satanás con sus demonios saben que las personas no pueden dar frutos con un corazón lleno de amargura y obstinación. Por eso Jesús dijo amaras a tu enemigos. Es necesario que el vaso que se disponga a ganar en la vida no tenga ningún tipo de resentimiento.

En Job 42 encontramos que Job fue restaurado por Dios cuando el hubo orado por sus amigos. Ana nunca vio un hijo mientras vivía resentía en contra de Penina. Si bíblicamente y proféticamente usted sabe que la Penina no es tu verdadero amigo, entonces perdona de todo corazón. Aférrate al Espíritu Santo. Quita cualquier amargura. Porque el dolor y obstinación la criatura. No te aferres en contra de tu Penina, enfócate en el propósito y vencerás.

Nunca huyas del territorio donde el eterno te ha colocado, porque allí Dios te va a bendecir. Hay lugares claves, donde Dios quiere que usted este. No te puede mudar, no puedes correr, no puedes huir, por más que haya presión.

Es necesario que le creas a Dios. Debes creer que allí donde has sufrido, donde has llorado, el eterno te va a visitar. Una de las lecciones más poderosa que encontramos en Ana, es su perseverancia, a pesar de su desprecio, a pesar de lo vergonzante que era para una mujer, hace miles de años atrás, andar sin hijos, ella pudo derrotar la presión de la Penina, porque estaba predestinada para ganar. Vivir esta presión, es demostración, que los ganadores no huyen del sitio que Dios determino, como territorio de su bendición. Solo allí Dios le abre las puertas del cielo.

Síntomas de que estas en el Lugar Correcto y Predestinada para Ganar

1. Siempre habrá alguien que te calumnie.

2. Siempre veras la persecución.

3. Siempre se activa el espíritu de rechazo,

4. Siempre habrá quien se burle de ti,

5. Siempre habrá quien señale con el dedo,

6. Siempre habrá quien te desprecie,

7. Siempre habrá una presión para sacarte de tu territorio.

Estos son síntomas se plantean, cuando Dios quiere bendecirte en un lugar.   Pero si tú perseveras, todas estas cadenas se romperán. Dios te levantara en victoria. Y Todos quedaran avergonzados.

Reconoce el Poder del Altar.

- Una persona que sabe que esta predestinada para ganar, no le llora, a los seres humanos. Si hay alguien, a quien llorarle es a Dios.
- Ana estaba en el lugar correcto. Estaba en el tiempo correcto, eral a persona escogida para levantar, una nueva generación de profetas dignos. En aquellas tiempo la corrupción imperaba, el sacerdocio de Israel está corrompido.

La presión sobre Ana, hizo que ella buscara el rostro de Dios; así Dios le está llamando a usted para levantar la generación de Samuel. Porque, en el Poder del Altar esta todo lo que tu anhelas; Quiero que entiendas este principio, lo que tu anhelas, te Anhela.

Lo que tu anhelas te anda buscando.

- Hay una ley llamada la ley del abismo, que dijo David; un abismo, llama a otro abismo. Cuando quieres algo, como la multiplicación en tu ministerio, en tu hogar, estás seguro, que eso es el anhelo de Dios.
- Entiendes ese sentir vivo que hay en tu corazón, que tú que anhelas profundamente, no es algo de ti mismo, es un llamado

eterno puesto por Dios dentro de ti, por lo tanto, Dios también lo anhela.

- No entres al altar como mendigo. Entra creyendo que la respuesta divina se te ha concedida.
- Cuando quieras asegurar un milagro, aplica la ley del voto, o la ofrenda por adelantado.

Ana quería un hijo, pero se le abrieron las puertas del cielo, solo cuando ofreció un voto. Es, decir Ana ofrendo por su milagro. Lo que Ana quería, Ana lo ofrendo a Dios.

Pacta con el Dios de Pactos

- Las cosas grandes que tú anhelas, páctala con una ofrenda, y esto es algo extraordinario.
- Este es uno del más gran secreto de los patriarcas y reyes victoriosos de Israel. En todos los tiempos bíblicos los que anhelaron un milagro, siempre vinieron al altar con ofrendas votivas, y Dios les respondió.
- Ana se presento delante de Dios con ofrenda votiva y Dios le abrió las puertas del cielo. Existe un gran misterio en esto; porque la ofenda y los votos se revelan solo por la fe y el corazón sencillo de una persona.

Usted puede estar seguro, que cuando alguien no está dispuesto a sacrificar, ofrendas, pactos y votos por sus sueños definitivamente esto revelaría que no existe anhelo verdadero. Todas las veces que alguien se ha humillado a Dios, y presenta sus peticiones con votos, sus milagros son extraordinarios y Dios le abre las puertas del cielo.

La Ley de la Profecía

- Cuando la boca de un ungido de Dios se abra a tu favor, créele de todo corazón y tenlo como un hecho. El sacerdote Eli, el que anteriormente se burlaba de Ana, le dijo las siguientes palabras: *El Dios de Israel te conceda lo que tú has pedido.* Estas palabras, Ana las creyó profundamente en su corazón.
- Cada vez que usted recibe una palabra profética créala, no cuestione a Dios. No dude de Dios crea la profecía. 2Crónicas 20:20, dice: "C*réele a Dios y estás seguro, y cree a sus profetas y serás prosperados."*
- Cuando le crees a Dios de todo corazón, tu eres salvo, pero la manera en que se activan los milagros, solo es a través de la Palabra Profética soltada por seres humanos ungidos por Dios.

Nunca desprecie la palabra que sale de algún ungido, no cometas ese error. Cuando un hombre o mujer de Dios te de una palabra; escríbela, y cree que se cumplirá. Ana recibió y creyó la Palabra, la cual, ciertamente se le cumplió.

Vive Hoy el Futuro

- Es necesario que tú dejes de ver cosas lejos, y las acerques a ti mismo. Las sagradas escrituras dicen, que Ana después de haber oído la Palabra Profética, lavo su rostro, comió, y nunca fue la misma. Su semblante y su rostro cambio, porque ya estaba concebido en lo más profundo de su corazón su milagro.
- Todo lo sobrenatural de Dios, se activa por la fe, dudando nunca lograras lo sobrenatural de Dios.

- Solo creyéndole a Dios, y trasladando lo que está en su futuro, trayéndolo a tu presente. Se le abrirán las puertas del cielo, porque usted está predestinado para ganar.

Ana luego de entrar en esta dimensión gloriosa nunca estuvo triste. La experiencia de Ana, es una de las más extraordinarias que he conocido, en esta lección te quiero ensenar: que los problemas no son problemas; al contrario, son grandes oportunidades, que el eterno abre a favor de ti.

Tu estas predestinado para ganar, por lo tanto, todo lo que te ocurra en tu vida, se trasformará para lo mejor; estás predestinado para ganar.

¿Qué significa la palabra Problema para una Persona Ganadora?

La Palabra Problema, lo único que significa en el mundo profético es: éxito, bendición, y oportunidad. Lo que Ana aparentemente estaba viviendo, era lo peor, lo mas vergonzante; así, se podía analizar con la razón humana.

Pero el Dios que conoce todas las cosas, el eterno que conoce el presente y el futuro, sabía que había crisis de liderazgo en la tierra, y andaba buscando a alguien, para que levantara una descendencia de líderes poderosos y profundos en Dios, y la persona escogida para eso era Ana, la que parecía que tenía problemas.

¿Qué significa la palabra; Penina?

A pesar de que esta era, la que se burlaba de Ana, porque era la mujer del Cana, que si tenía hijos, y Ana la otra mujer de Cana, no tenía hijos.

Esta Penina solo era el instrumento que Dios estaba usando para guiar a que Ana entrara a un nivel de profundidad con Dios, por lo tanto, no mires que quien se burla de ti, que te está haciendo daño, mira a Dios. El eterno te está impulsando a un nuevo nivel a través de Penina.

Dale gracias a Dios, por tu Penina, porque sin Penina te quedas en la rutina y no creces, por eso fue que Cristo dijo: Bendecirás a tus enemigos, porque lo único que hacen tus enemigos es, impulsar tu crecimiento.

Cambia de óptica ante las cosas duras que te pasan
Jamás te quejes, dale gracias a Dios, en medio de las presiones, y de las pruebas, dile a Dios que te revele: ¿Cual es la lección que tienes que aprender...? , y proyéctate que hoy es para ti un tiempo nuevo.

Por nada del mundo permitas que tu corazón, se llene de amargura, en contra de las personas que te han querido perturbar, al contrario, lo único que te esta avisando Penina, es que el eterno te está llevando a otro nivel.

Grite con todas sus fuerzas, los problemas no son problemas, son oportunidades, estoy predestinado para ganar.

Oración profética
Dios todo poderoso, yo no soy una persona perdedora,
nací para ganar, no nací para el fracaso y quiero que me ayudes
a que mi corazón este limpio, y puro para ti,
quiero pactar contigo; que jamás entrare en rebeldía
por las duras situaciones, que se me han presentado.
Quiero que me des el carácter para entender:
que a los que aman a Dios, todas las cosas le ayudan para bien.
Sé que la historia se me cambia toda para bien,
los problemas no son problemas son oportunidades.

Yo no nací para el fracaso, nací para el éxito
lo único que me avisan las situaciones incomodas, es que un nuevo
tiempo y un nivel de gloria superior ha sido predestinado
para mi vida, por siempre.
Amén...

Los problemas no son problemas, son oportunidades. Porque yo...
estoy Predestinado para Ganar.

Meditación

Sobre mi esta la bendición de Dios.
Yo tengo el sello glorioso de la bendición de Dios.
Entender esta verdad, rompe con todos los complejos,
con la inseguridad, que pueda atacar mi mente.
Tengo sobre su vida una Palabra de Bendición; el eterno creador
nunca ha deseado lo malo para mí. Dios lo único que ha soltado
sobre mí, es la paz, la vida, el amor, y la bondad.
Todo lo que sea contrario, a la bendición, no lo puedo recibir como
normal. Toda palabra contraria, a esta, la rechazo en el nombre
de Jesús, porque desde que Dios me hizo siempre fue en bendición,
por lo tanto, en el nombre de Jesús, rompo ahora mismo
con todo temor, complejo e inseguridad.
Soy una nación para el éxito,
mi vida está escrita en Dios por su amor y su misericordia.
Recibo todo lo que Dios ha soltado para mi vida
desde antes de la fundación del mundo.
Nunca me olvidare de apelar siempre a la gloria superior.
Lo que Dios escrito de mi desde antes de la fundación del Mundo

 **Semana 3 día 1**

Los Doce Códigos del Líder Ganador
CODIGOS: 1 y 2

<u>Código</u> 1:   **Dios, y Usted son Uno**

"Pero no ruego solamente por estos, sino también por los que han de creer en mí por la palabra de ellos, para que todos sean uno; como tú, Padre, en mí y yo en ti, que también ellos sean uno en nosotros, para que el mundo crea que tú me enviaste." Juan 17:20 y 21.

Introducción

El Poder del Uno, es una dimensión sobrenatural y de gloria, donde la persona ganadora se conecta total y profundamente con Dios. Es necesario entender esta dimensión de gloria, éxito, y poder.

➢ Ser uno con Dios, es una garantía de triunfo, éxito y poder, ser uno con Dios, te evitara perder.
➢ Ser uno con Dios, hará que nadie te pueda resistir, en todo los días de tu vida.
➢ Ser uno con Dios, te hace más que vencedor, este es el mundo perfecto, de la gloria superior.

Verdad Profunda

Entender que somos uno con Dios, rompe cualquier pensamiento y limitación, entender el poder del uno, es una verdad extraordinaria, que en Dios te hace invencible.

El Poder del Uno es un principio eterno para la Perfección

Es inexplicable para la mente humana el misterio de la trinidad divina, es decir: El Padre, el Hijo, y El Espíritu Santo; en la medida que nosotros aceptamos esta verdad gloriosa veremos cosas sorprendentes en nuestras vidas.

Pero no solamente es profundo y glorioso el poder de la bendita trinidad, sino que el mismo Dios dice que quiere ser uno con nosotros. Al nosotros entrar en el nivel del Poder del Uno, sabremos que esta gloria eterna nos introduce en una gloria tan poderosa que nunca más perderemos todo el tiempo ganaremos con Dios.

EL Poder del Uno nos lleva a un mismo Pensamiento

Una de las cosas, que ha separado a los humanos y a Dios, es porque las personas, cada quien, andan en sus propios pensamientos. Pero cuando usted se profundiza, en el poder de un mismo pensamiento con Dios a través de su palabra, jamás usted fracasará.

Entender que cuando su mente y pensamientos son uno con Dios, a usted se le terminan todos los problemas y preocupaciones, es necesario que te enfureces en creer, que el poder del uno, te abre las puertas de la gloria para ver las maravillas de Dios en tu vida para siempre.

Cuando Alcanzas Hablar como Habla Dios

Esta es una dimensión súper. Porque esto fue lo que hizo que Josué venciera, en todo lo que emprendía. Dios le dijo: *"Nunca se apartará de tu boca, este libro de la Ley, sino que de día y de noche meditarás en él, para que guardes y hagas conforme a todo lo que está escrito en él, porque entonces harás prosperar tu camino, y todo te saldrá bien.* Josué 1:8.

Poder reeducar nuestro lenguaje y alinearlo en forma perfecta a la palabra de Dios, es un arma omnipotente. Si existe algo que el eterno Dios anhela para cada hijo, es que pueda hablar su mismo lenguaje, creerlo, y repetirlo día a día.

Uno de los grandes enemigos de los humanos en el mundo de la fe es cuando su lenguaje no está alineado a lo que Dios dice. Porque hablar lo que habla Dios, es ser uno con Dios. Esto garantiza millones de milagros frecuentes.

Hablar como Habla Dios

Hermanos míos, no os hagáis maestros muchos de vosotros,
sabiendo que recibiremos mayor condenación.
Todos ofendemos muchas veces.
Si alguno no ofende de palabra, es una persona perfecta,
capaz también de refrenar todo el cuerpo.
He aquí nosotros ponemos freno en la boca de los caballos
para que nos obedezcan y dirigimos así todo su cuerpo.
Mirad también las naves: aunque tan grandes y llevadas
de impetuosos vientos,
son gobernadas con un muy pequeño timón
por donde el que la gobierna quiere.
Así también la lengua es un miembro pequeño,
pero se jacta de grandes cosas.
He aquí, ¡cuán grande bosque enciende un pequeño fuego!
Y la lengua es un fuego, un mundo de maldad.
La lengua está puesta entre nuestros miembros,
y contamina todo el cuerpo e inflama la rueda de la creación,

y ella misma es inflamada por el infierno.
Toda naturaleza de bestias, de aves, de serpientes
y de seres del mar, se doma y ha sido domada por la naturaleza
humana; pero ningún hombre puede domar la lengua, que es un mal
que no puede ser refrenado, llena de veneno mortal. Con ella
bendecimos al Dios y Padre y con ella maldecimos a los hombres,
que están hechos a la semejanza de Dios. De una misma boca
proceden bendición y maldición. Hermanos míos,
esto no debe ser así.
¿Acaso alguna fuente echa por una misma abertura agua dulce
y amarga? Hermanos míos, ¿puede acaso la higuera
producir aceitunas, o la vid higos? Del mismo modo, ninguna fuente
puede dar agua salada y dulce. ¿Quién es sabio y entendido
entre vosotros? Muestre por la buena conducta sus obras
en sabia mansedumbre. Pero si tenéis celos amargos
y rivalidad en vuestro corazón, no os jactéis ni mintáis
contra la verdad. No es esta la sabiduría que desciende de lo alto,
sino que es terrenal, animal, diabólica,
pues donde hay celos y rivalidad, allí hay perturbación
y toda obra perversa. Pero la sabiduría que es de lo alto
es primeramente pura, después pacífica, amable, benigna,
llena de misericordia y de buenos frutos,
sin incertidumbre ni hipocresía.
Y el fruto de justicia se siembra en paz para aquellos que hacen la paz.
Santiago 3:1 al 18.

Es necesario entrar en una dimensión gloriosa, profunda y perfecta de lenguaje con Dios; en la medida que nosotros hablemos lo que habla Dios, y no exista contradicción de palabras, entonces ya estamos en una dimensión de Gloria Superior.

Es necesario reeducar nuestra lengua, si queremos ser exitosos en todo lo que emprendemos en esta tierra. Nuestra lengua tiene que estar en perfecta en armonía con Dios.

Es necesario, día a día, funcionar en el Poder del Uno para experimentar el poder de la gloria superior.

En la maldición de la división al hablar mal, del pensamiento, de sentir y de la Visión, es donde se pierde las grandes bendiciones eternas. Cuando somos uno con Dios, entramos en el poder y la gloria de otros niveles. La Gloria Superior es solo una verdad que opera únicamente cuando somos Uno con Dios. Bajo El Poder del Uno

Código 2: Dios y Usted están de Acuerdo en Todo

"Andarán dos juntos, sino están de acuerdo...?" Amós 3:3.

Verdad Profunda

Una de las verdades más profundas y sobrenaturales, es operar en el poder del acuerdo con Dios en todo; en este nivel funcionamos en la plenitud de conexión perfecta en el espíritu, y logramos todo tipo de poder, gloria, maravillas.

El Poder del Acuerdo activa milagros sobrenaturales y sorprendentes, este es uno de los secretos más poderosos del universo. Vivirlo, te introduce en el mundo invencible de la Gloria Superior.

Esto es semejante a un matrimonio, que, para que funcione, es necesario que puedan aprender a estar de acuerdo en todo.

Una vez que eres uno con Dios, el siguiente paso es caminar de acuerdo con él en todo.

El eterno Dios, observa desde el cielo a los hijos de los hombres para ver si hay quién comprenda, quién pregunte por Dios. Salmo. 14:2.

Uno de los grandes problemas del mundo es el conocer quién está dispuesto a ponerse de acuerdo con Dios.

Existen personas que tienen sus ideas, caminos, y pensamientos; pero es necesario, que para que Dios manifieste su gloria en la tierra, alguien se ponga de acuerdo con Él en todo. Porque alcanzar la humildad de estar de acuerdo con Dios, es entrar en el camino de victoria asegurado para siempre.

Uno de los grandes secretos para ganar, es el Poder del Acuerdo en todo. Este es el único camino para experimentar éxito en todo lo que emprendemos.

Vengan a mí, todos los que se afanan y están cargados, y yo los refrescaré. Mateo 11:28.

Tomen sobre sí mi yugo, y aprendan de mí, porque soy de genio apacible y humilde de corazón, y hallarán refrigerio para sus almas. Mateo 11:29.

Cuando se camina fuera del poder del acuerdo con Dios, la vida es un continuo afán y tormento. Pero cuando nos enyugamos con Jesús y su palabra, comienza el descanso, el reposo y encontramos respuesta para todo. La desgracia más grande de los seres humanos, comienza con no estar de acuerdo con Dios. El día que nosotros dejamos nuestros propios caminos, y nos ponemos de acuerdo con Dios, triunfamos en todo.

Conocer el Poder del Acuerdo en el Señor, activa la gloria ganadora en todo lo que emprendemos.

Uno de los peligros más fuertes dentro de la vida de un creyente, es el no importarle lo que opine Dios con relación a sus propias decisiones, para lo que haga. En la medida que entremos en la dimensión de la Perfecta Comunión con Dios, y con su Espíritu, entonces disfrutaremos de la gloria superior y de sus abundantes y constantes bendiciones. El poder del acuerdo con Dios en todo, nos introduce en el camino de los invencibles.

Otra vez os digo, que si dos de vosotros se pusieren de acuerdo en la tierra acerca de cualquiera cosa que pidieren, les será hecho por mi Padre que está en los cielos. Mateo 18.19

Andar en la maldición del desacuerdo lo único que trae es tristeza y dolor. En la medida que nosotros, nos ponemos de acuerdo con Dios se nos abren las puertas de la respuesta milagrosa de Dios.

La gran mayoría de los grandes problemas, que hemos experimentado en nuestra vida, han estado vinculados, a vivir en desacuerdo con Dios es decir andando por nuestros propios caminos.

Oración

Padre nuestro que estás en los cielos, en el nombre de Jesucristo, te pido perdón por nuestros pecados, y haber tomado tantas decisiones, sin vivir en acuerdo contigo. Renunciamos a vivir conforme a nuestros propios caminos, aceptamos tu dirección, tu guía y tu consejo. Aceptamos con fuerza, firmeza y fe, vivir todos los días de nuestra vida, plenamente en acuerdo contigo...

 **Semana 3 día 2**

Los Doce Códigos del Líder Ganador
CODIGOS: 3 y 4

<u>Código</u> 3: Dios te dio el Espíritu de la Resurrección.

Como está escrito: Te he puesto por padre de muchas gentes)
delante de Dios, a quien creyó, el cual da vida a los muertos,
y llama las cosas que no son, como si fuesen. El creyó en esperanza
contra esperanza, para llegar a ser padre de muchas gentes,
conforme a lo que se le había dicho: Así será tu descendencia.
Y no se debilitó en la fe al considerar su cuerpo,
que estaba ya como muerto (siendo de casi cien años),
o la esterilidad de la matriz de Sara.
Tampoco dudó, por incredulidad, de la promesa de Dios,
sino que se fortaleció en fe, dando gloria a Dios, plenamente
convencido de que era también poderoso para hacer todo
lo que había prometido; por lo cual también su fe
le fue contada por justicia.
Romanos 4:17- 22.

Una de las revelación mas extraordinaria que se manifiestan cuando funcionamos en el poder del uno con Dios, esta es la activación del Espíritu de resurrección.

Una persona creyente en el poder de la palabra que funciona en el poder del uno es invencible y la muerte no tiene potestad sobre su vida.

Es necesario creerle a Dios y aceptar que para usted no hay nada más importante que lo de Dios; como dijo San Pablo: Ni la muerte ni la vida, ni ángeles, ni principados, nada nos puede separar del amor de Dios que es en Cristo Jesús.

La gloria del poder de la resurrección es una verdad profunda que está activa sobre todo creyente que funciona en el poder del uno con Dios.

Uno de los grandes ejemplos de convicción de estar bajo el poder de la resurrección es Abraham cuando llevó a su hijo para sacrificarlo en el monte. Abraham sabia que en él y en su hijo estaba activado el Espíritu de Resurrección.

El Dios que a los 99 años le dio fuerzas a Abraham y cambio la matriz de Sara, ese mismo Dios lo levantaba en el Poder de la Palabra, y que la muerte no era nada para ellos. Abraham sabía que Dios levantaría a su hijo de los muertos.

Al tercer día alzó Abraham sus ojos, y vio el lugar de lejos.
Entonces dijo Abraham a sus siervos: Esperad aquí con el asno,
y yo y el muchacho iremos hasta allí y adoraremos, y volveremos
a vosotros. Y tomó Abraham la leña del holocausto, y la puso sobre
Isaac su hijo, y él tomó en su mano el fuego y el cuchillo; y fueron
ambos juntos. Entonces habló Isaac a Abraham su padre,
y dijo: Padre mío. Y él respondió: Heme aquí, mi hijo.
Y él dijo: He aquí el fuego y la leña; mas ¿dónde está el cordero
para el holocausto? Y respondió Abraham: Dios se proveerá
de cordero para el holocausto, hijo mío. E iban juntos.

Y cuando llegaron al lugar que Dios le había dicho,
edificó allí Abraham un altar, y compuso la leña, y ató a Isaac su hijo,
y lo puso en el altar sobre la leña. Y extendió Abraham su mano

*y tomó el cuchillo para degollar a su hijo. Entonces el ángel de Jehová
le dio voces desde el cielo, y dijo: Abraham, Abraham. Y él respondió:
Heme aquí. Y dijo: No extiendas tu mano sobre el muchacho,
ni le hagas nada; porque ya conozco que temes a Dios,
por cuanto no me rehusaste tu hijo, tu único.
Entonces alzó Abraham sus ojos y miró, y he aquí a sus espaldas
un carnero trabado en un zarzal por sus cuernos; y fue Abraham
y tomó el carnero, y lo ofreció en holocausto en lugar de su hijo.
Y llamó Abraham el nombre de aquel lugar, Jehová proveerá.
Por tanto se dice hoy: En el monte de Jehová será provisto.*

*Y llamó el ángel de Jehová a Abraham por segunda vez
desde el cielo, y dijo: Por mí mismo he jurado, dice Jehová, que
por cuanto has hecho esto, y no me has rehusado tu hijo, tu único hijo;
de cierto te bendeciré, y multiplicaré tu descendencia
como las estrellas del cielo y como la arena que está a la orilla
del mar; y tu descendencia poseerá las puertas de sus enemigos.
En tu simiente serán benditas todas las naciones de la tierra,
por cuanto obedeciste a mi voz. Y volvió Abraham a sus siervos,
y se levantaron y se fueron juntos a Beerseba;
y habitó Abraham en Beerseba.*
Génesis 22.

La seguridad de Abraham era porque tenía insertado en su espíritu
el poder profético de la resurrección.

*(Como está escrito: Que por padre de muchas gentes te he puesto)
delante de Dios, al cual creyó; el cual da vida á los muertos,
y llama las cosas que no son, como las que son.* Romanos 4:17.

Cuando Jesucristo habló del poder de la resurrección activado esto
es impresionante, porque Jesús habló del morir al yo, y a nuestra

voluntad e inclusive morir a nuestras propias ideas, para que se activara el Poder Profético de la Resurrección. Jesucristo lo explicó con lo del Grano de Trigo.

De cierto, de cierto os digo, que si el grano de trigo no cae en la tierra y muere, Él solo queda; mas si muriere, mucho fruto lleva. Juan 12:24.

Jesús lo que quiere que no nos aferremos a la naturaleza temporal y nos proyectemos a la vida nueva de éxito y de prosperidad. Esta vida solo se hace realidad por la activación del el Espíritu de Resurrección.

Caminar en la gloria superior, con el código de vida que está dentro de nosotros; esto nos hace ver el mundo diferente y entonces nada nos puede distraer porque andamos y vivimos sin ninguna excusa para el propósito de Dios.

La revelación del Espíritu de Resurrección en nuestras vidas es lo que nos hace vivir por los códigos eternos que Dios colocó dentro de nosotros y no le tenemos temor a nada porque estamos seguros que estamos Predestinados para Ganar.

Código 4: Beráca. Valle de la Bendición de Jehová

Dios introduce en el valle de los ganadores. Dios te introduce en tu plena libertad económica. (Beráca).

Y al cuarto día se juntaron en el valle de Beráca; porque allí bendijeron a Jehová, y por esto llamaron el nombre de aquel paraje el valle de Beráca, hasta hoy.
2 Crónicas 20:26.

El pueblo de Dios estaba viviendo un momento difícil en segunda Crónicas 20; los israelitas, estaban rodeados del enemigo y Dios le dio una palabra profética a Josafat para ganar, y Josafat la creyó y Jehová; le hablo:

Y estaba allí Jahaziel hijo de Zacarías, hijo de Benaías, hijo de Jeiel,
hijo de Mathanías, Levita de los hijos de Asaph, sobre el cual
vino el espíritu de Jehová en medio de la reunión; Y dijo: Oíd,
Judá todo, y vosotros moradores de Jerusalén, y tú, rey Josaphat.
Jehová os dice así: No temáis ni os amedrentéis delante de esta
tan grande multitud; porque no es vuestra la guerra,
sino de Dios. Mañana descenderéis contra ellos:
he aquí que ellos subirán por la cuesta de Sis, y los hallaréis
junto al arroyo, antes del desierto de Jeruél. No habrá para qué
vosotros peleéis en este caso: paraos, está quietos, y ved la salud
de Jehová con vosotros. Oh Judá y Jerusalén, no temáis ni desmayéis;
salid mañana contra ellos, que Jehová será con vosotros.
2 Crónicas, 20:14- 17.

En medio de esta gran presión que los enemigos les querían destruir, Josafat, le creyó a Dios quien era el único que le podía defender por eso Josafat, le dijo al pueblo en segunda de Crónicas 20:20, esta palabra: **Creed a Dios y estaréis seguros, creed a sus profetas y seréis prosperados**. El pueblo creyó la Palabra, y comenzó a adorar a Jehová. Todos sus enemigos quedaron derrotados y los hijos de Dios conquistaron éxito y entraron al valle de Baraca que es el valle de la Bendición de Dios. Allí recogieron completamente el botín, lo que aparentaba ser una tragedia se convirtió es un escandaloso éxito.

Beráca es una estación donde Dios introduce a sus hijos que se unen el Poder del Uno, los que están de acuerdo con Dios en todo, Dios siempre los vengara de sus enemigos, y haciendo que todo quien te quiera destruir quede avergonzado y te dará millones por su amor y su misericordia. Dios siempre te introducirá en estabilidad. Cuando usted entras en el valle de Beráca que significa el valle de la bendición de Jehová. Jamás la pobreza y la miseria serán parte de tu vida. No existe relación en vida victoriosa espiritual y ser miserable materialmente; al contrario, toda las veces que Israel se hacia uno con Dios uno de las muestra era que eran plenamente libres económicamente.

Dios no te hizo a ti para perder tu naciste para siempre estar estable, con Dios y perfectamente Bendecido.

Todo el tiempo Dios quiere que usted sea estable y que tu familia sea libre de toda opresión de miseria y la financiera y que estés bendecido económicamente. El valle de Beráca es la agenda de estabilidad y prosperidad que Dios estableció para los que son uno con Dios.

Jehová es mi pastor; nada me faltará.
En lugares de delicados pastos me hará descansar;
Junto a aguas de reposo me pastoreará.
Confortará mi alma, Me guiará por sendas de justicia
por amor de su nombre.
Aunque ande en valle de sombra de muerte,
No temeré mal alguno, porque tú estarás conmigo;
Tú vara y tu cayado me infundirán aliento.
Aderezas mesa delante de mí en presencia de mis angustiadores;
Unges mi cabeza con aceite; mi copa está rebosando.
Ciertamente el bien y la misericordia me seguirán
todos los días de mi vida y en la casa de Jehová
moraré por largos días.
Salmo 23.

Los Doce Códigos del Líder Ganador
CODIGOS: 5 y 6

<u>Código</u> 5: Misión Global

Eres ganador para cumplir una misión global.

> *Pero los once discípulos se fueron a Galilea, al monte donde Jesús les había ordenado. Y cuando le vieron, le adoraron; pero algunos dudaban. Y Jesús se acercó y les habló diciendo: Toda potestad me es dada en el cielo y en la tierra. Por tanto, id, y haced discípulos a todas las naciones, bautizándolos en el nombre del Padre, y del Hijo, y del Espíritu Santo; enseñándoles que guarden todas las cosas que os he mandado; y he aquí yo estoy con vosotros todos los días, hasta el fin del mundo. Amén.* Mateo, 28:16 al 20.

Dios lo ha guardado a usted y le ha estado preparando para cumplir una gran misión en este mundo, y esa es: ***Hacer Discípulos, por todas las naciones.***

Millones de vidas necesitan conocer al Dios que tú conoces, millones de vidas necesitan tener experiencias espirituales con Dios y luego ser formados.

Para ellos es necesario, el esfuerzo y el sacrificio evitando el egoísmo, y el conformismo, de manera que podamos levantarnos en el Poder de la Palabra, e impulsar la Visión de Dios para todas las naciones de la tierra.

Dios no quiere que por nada del mundo nos estanquemos, es necesario aceptar el gran llamado que el eterno Jesús hizo a nuestras vidas. La Visión es hacer discípulos por todas partes; que sean llenos de Dios, y plenamente bendecidos en Cristo.

Dios tiene contigo una Misión Mundial; tu hora llegó.

Le he estado hablando de la gloria superior, le he dicho a usted que está predestinado para ganar desde antes de la fundación del mundo usted no es cualquier cosa, tu vida está escrita por la mano de Dios.

Pero le recomiendo que nunca se quede en la concupiscencia de todos los bienes materiales que el eterno te ha dado. Te recomiendo que ni siquiera te aferres a ello; disfrútalo, pero nunca te dejes engañar. Lo que te quiero decir es que tu foco primordial es el glorioso y extraordinario llamado que Dios te dio, y su misión global; Dios tiene un plan contigo, por eso te ha bendecido y es que toda la tierra sea llena del conocimiento de la gloria de su gracia en Cristo.

Si usted se aprovecha de todas las bendiciones materiales que Dios le da, y no cumple con la misión global de Dios para la tierra eso será profundamente peligroso para usted. Solo involúcrese de todo corazón en cumplir la misión de Dios para este mundo, y nunca se olvide de que usted es la persona ganadora que cumple con la gran misión global: *"Id y haced discípulos..."*

Este es el propósito de la gloria superior para con usted; mientras estés en esta tierra. Dios le ha bendecido, le ha capacitado, le ha honrado, y le ha asignado una misión global: *"Id, y Haced discípulos por todas las naciones."* Mareo 28:19.

<u>Código</u> 6: Generación plenamente Obediente y sometida a Dios

La obediencia, te hará y te mantendrá Ganador.

Y aunque era Hijo, por lo que padeció aprendió la obediencia. Heb.5.8.

Es necesario que nosotros entendamos la necesidad de que vivamos en plena obediencia. Nosotros nos somos la generación de los rebeldes que le llevan la contraria a Dios. Es necesario que entremos en el Nivel Superior de la Obediencia.

Si Cristo en su cuerpo humano aprendió obediencia por causa del llamado y el propósito de Dios; es necesario que usted se ubique, en el Nivel Superior de Obediencia, en todo y para todo.

Hoy día Dios está levantando la generación de las personas que hacen lo contrario al primer Adán, es decir Seguimos el ejemplo de nuestro Maestro Jesucristo.

Si Jesús fue plenamente obediente, nosotros, los que anhelamos cada día vivir en la gloria superior y disfrutarla plenamente, no podemos ser rebeldes, no en cintra Dios, ni en contra sus planes. Es necesario ser totalmente obediente a Dios en todo, sin cuestionar nada.

La única manera de ganar, es siendo plenamente obedientes con Dios en la medida que nosotros somos obedientes con Dios experimentaremos. Cada vez más éxito. Una de las verdades más extraordinaria que nos llevan a ganar es conocer y practicar el Poder de la Obediencia a Dios en todo.

A usted le conviene desarrollar y crecer en el Poder de la Obediencia. Obedecer no es una alternativa es el único camino para asegurar el éxito en nuestro andar diariamente con Dios.

Jesucristo cumplió obediencia. El fue el ejemplo más perfecto de obediencia. Es necesario que para ganar usted crea en el Poder de la Obediencia.

Para nada le conviene la rebeldía. Porque la nueva generación que Dios está levantando, son personas obedientes a Dios en todo.

Toda la crisis mundial que destruye la tierra, los hogares y las familias está vinculada a la falta de obediencia. Lo que Dios está levantando son generaciones que mueran a sí mismo, que estén dispuestos a todo, dispuesto obedecer.

Hay varias cosas que tienen que tener bien clara: Conviene obedecer a Dios con toda su mente, su alma, y su vida.

Le conviene obedecer los principios de la palabra, para gobernar su familia sabiamente. Le conviene obedecer las autoridades ministeriales que Dios le ha puesto, solo de esa manera usted le evitará problemas. Le conviene obedecer el propósito del llamamiento divino.

Obedecer a Dios no puede ser una alternativa, es una imposición, una determinación. Para mantenerse en el mundo de la gloria superior, el único camino que les queda es el de la plena obediencia y usted será recompensado por Dios en, todo.

 **Semana 3 día 4**

Los Doce Códigos del Líder Ganador
CODIGOS: 7, 8 y 9

Código 7: El Poder del Reposo.

En Reposo fluirás mejor como ganador. Uno de los grandes caminos para el triunfo es vivir plenamente descansando en Dios, ese es uno de los secretos más poderosos del cristianismo.

Hay cosas que no dependen de lo que usted haga, sino de lo que la mano omnipotente haga a su favor.

Por lo tanto es necesario descansar en Dios. Descansar en las áreas familiares, ministeriales y financieras.

Usted necesita, ver la vida diferente. Usted tiene que entender, que usted es hija o hijo de Dios. El creador tiene su vida bajo control.

"Ninguno por más que se afane podrá a añadir a su estatura un codo."

Esto lo que quiere decir es que nosotros tenemos que aprender a confiar plenamente en Dios. Hogar, hijos, ministerios, etc... Así que no se desespere, porque todo está controlado. Amén.

Su trabajo es oír a Dios y obedecerle; cumpla con Dios y nunca permita que el enemigo por nada le robe la revelación. A usted nunca le convendrá afanarse. Usted descanse en Dios; Jesucristo es tu reposo.

Él es tu abogado, tú medico, tu financista, tu guía, tu defensa y tu ayudador. Jesucristo es tu todo. Nunca te afanes. Nunca bajo la maldición del afán usted saldrá adelante, pero descansando en Dios; Si.

Descanse en Dios, porque usted no es perdedor, ni una perdedora. Usted está Predestinado para Ganar. Por eso, descanse en Dios.

Código 8: El Espíritu de Conquista: La Lección de Caleb

Tienes el A.D.N. de Conquista. Hay algo que Dios puso en ti, que es un Código de Vencedor para tomar el territorio y las bendiciones que Dios tiene preparadas para ti.   Uno de los ejemplo de esto es Caleb, quién después de 45 años de servir con determinación, solamente una Palabra lo sostuvo; y a los 85 años le pidió a Josué que le entregara su territorio, porque él quería conquistar, ahora para su descendencia.

 El A.D.N. de la palabra profética que Moisés le había dicho en el desierto, nunca se apartó de él. Pasaron cuarenta y cinco años, pero nunca lo olvidó. Moisés le había dicho: *que la tierra que había pisado, el Eterno se la daría.* El se mantuvo creyendo que todo lo que Dios le había dicho lo haría.

Uno de los principios más poderoso del mundo, es la Predestinación para la Conquista. Usted y yo no somos perdedores. Naciste para la Conquista. Dios te entrega carros, posiciones., discípulos, tierras y todo tipo de propiedades.

Por nada del mundo cuestiones tu vida, por asuntos de edad, ó sexo, ó por las cosas que no has logrado en tu pasado. Definitivamente, tú tienes el A.D.N. de la Conquista. El manto de Dios está sobre tí y tú has sido Predestinado para Ganar.

Caleb nunca se dejo engañar con la Maldición del Pensamiento Negativo de la Pérdida. El hecho de que un hombre de su edad (con 85 años) reclame una vasta extensión de tierra para conquistar, es un desafiante ejemplo histórico para todos nosotros hoy en día.

Cada día me doy cuenta que la Maldición de la Pérdida comienza con el pensamiento. Si piensas y crees que perderás, así será; pero si derrotas el pensamiento negativo y conformista, si derrotas las limitaciones y condiciones de tu cuerpo físico, de la edad, o de cualquier argumento y le crees total y definitivamente a Dios, entonces veras la mano de Dios sobre tu vida.

Usted no partirá de esta tierra, sin ver lo que Dios ha dicho, que: usted tiene el Espíritu de la Conquista.

La lección de Caleb es algo extraordinario; es necesario que te apropies del espíritu de conquista, jamás te dejes amedrentar por la edad, mientras estés en esta tierra y vivas se puedes. Hoy tu puedes conquistar, reclama, tu posesión; reclama: tierra, finanzas y multitudes tu estas predestinado para ganar.

Código 9: La Dependencia Plena del Espíritu Santo.

Viviendo en profunda comunión con el Espíritu Santo. Otro de los secretos más poderoso del mundo, es entender el poder vivir en la dulce y extraordinaria comunión con el Espíritu Santo, porque él es el mejor aliado.

Fíate de todo tu corazón en el Espíritu Santo y no te apoyes en tu propia prudencia.

Todos los días del mundo somos tentados a hacer nuestra propia voluntad. Cada día me doy cuenta que uno cuando vive razonando, comete miles errores. El mejor camino es depender del Espíritu.

El espíritu Santo quiere ayudar, quiere darte guía; le conviene estar compenetrado con Él. En Él hay vida, hay paz. En el tiempo pasado se le quiso colocar lejos. Y no es bueno porque Él es real. Él es el Consolador, es su abogado, su mejor consejero, es la sabiduría, es la revelación. Él es la mejor guía de tus pasos, Él sabe cómo hacer y qué hacer en cada situación. Déjese dirigir por el Espíritu Santo, así le protegerá, y le ahorra muchos errores; los que diariamente se comenten, cuando no nos dejamos dirigir por El.

Humíllese a Dios, obedezca la voz del Espíritu.

Alguien le pregunto a una persona muy exitosa, sobre cuál era la clave de su ministerio; y este le dijo: Escucha al Espíritu Santo, y Obedécele.

Hay muchas cosas que parecen lógicas, pero Él te va guiar, y te evitara muchos problemas. Nade le garantizará el triunfo, solo el E.S. en su dulce comunión. Hable con Él, adórelo, respételo, nunca se olvide que está con usted, para guiarle, a toda verdad y a toda justicia.

Usted en la dulce comunión con el espíritu Santo, siempre experimentará triunfos, porque solo con el Espíritu Santo usted ganará.

 **Semana 3 día 6**

Los Doce Códigos del Líder Ganador
CODIGOS: 10, 11 y 12

<u>Código</u> 10:   **Prosperidad Ilimitada.**

Para ti no hay límites.

El criado tomó diez camellos de los de su señor, y se fue, no sin antes escoger toda clase de regalos de lo mejor que tenía su señor; se puso en camino y llegó a la ciudad de Nacor, en Mesopotamia. Gen. 24:10.

En la agenda de nuestro Padre Eterno existe la agenda de Plenitud de Bendición Financiera. Exactamente el número 10 es el número de la súper abundancia de Dios para su Iglesia escogida.

Con ese número envió Abraham a Eliezer, su criado con diez camellos cargados, a buscar a Rebeca: La prometida para su hijo.

Puedes tener lo que quieras.   Así que tiene que acostumbrarse a la prosperidad en Dios.   Usted tiene que aprender que éxito es lo normal para usted. No puede ser de la escuela que busca a Dios solo cuando tiene problemas.   Tiene que entender que una familia sana, buenas finanzas, un ministerio exitoso, eso es normal.   Porque estás Predestinado para Ganar.

Expande tu ministerio y entiende que la Prosperidad es parte de un auténtico Cristianismo Sano.   Los discípulos dijeron; *que nos darás*, el Señor respondió: *cien veces más de lo que tienes...*

En esta expresión, Jesús nos enseña muy claramente, que el sentir de Dios para con nosotros es que no debemos ser escasos, ni limitados. Si en algún momento te dijeron que tienes que vivir escaso, definitivamente rechace esa palabra que no se ajusta al modelo que Jesús nos dejo. Porque usted está Predestinado para Ganar.

Así como Rebeca recibió sus diez camellos cargados, usted se tiene que mentalizar como normal que la súper abundancia de Dios es para usted.

Código 11: Viviendo Cosas Nuevas Día a Día.

*En la mañana siembra tu semilla, y por la tarde
no dejes reposar tu mano.* Eclesiastés, 11:6.

Nunca jamás te conformes cuando hayas alcanzado una meta; porque así te dice el Espíritu Santo, todo lo que has logrado hasta ahora, es una introducción de lo grande que te viene. Porque la maldición de caer en la rutina es exageradamente perjudicial. Cuando note que ya ha logrado ciertas metas; es preciso que esté listo para emprender el siguiente desafío. Llego la hora de entrar al siguiente Nivel de Éxito.

La Palabra de Dios dice bien claro que, *Las misericordia de Dios son nuevas cada mañana*, es decir, que cada día hay para ti Luz, Esperanza y Salvación. Y por nada del mundo caigas en la Maldición de la Rutina; tu vida está escrita por la mano de Dios. Estas Predestinado para Ganar.

Usted tiene que acostumbrarse a las cosas nuevas. Todos los días hay cosas maravillosas. Cuando haya que cambiar algo, hágalo sin temor.

Uno de los grandes problemas del ser humano, es que se acostumbra a las cosas alcanzadas o logradas, a lo que se tiene. Se acostumbra a lo viejo, y a no dejar entrar lo nuevo.

Pero gracias al Espíritu Santo, vamos avanzado y aprendiendo a recibir, y a hacer esas cosas nuevas cada día: Conforme al modelo divino.

Una de las cosas que más golpea la prosperidad de los hijos de Dios, es inexcusablemente; la Rutina.

Hay que ser "correctista", si hoy hiciste algo bien, mañana lo puedes mejorar. Dios mismo, todos los días tiene algo nuevo para tu familia. Algo nuevo ministerialmente, algo nuevo profesionalmente.

Necesitas estar dispuesto a todas las cosas nuevas que Dios determinó para ti. No las rechaces, actívalas en ti y en los que te rodean, porque tú has sido Predestinado para Ganar.

Código 12: El Mejor Equipo

Porque donde están dos o tres congregados en Mi Nombre, allí Estoy Yo en medio de ellos. Mateo 18:20.

Jehová saldrá como un gigante y como el de un guerrero despertará su celo; gritará, dará su grito de guerra, prevalecerá sobre sus enemigos. Isaías 42:13

Cuando llegó el día de Pentecostés estaban todos unánimes juntos. Hechos2:1

Procurando mantener la unidad del Espíritu en el vínculo de la paz. Efesios 4:3

Hasta que todos lleguemos a la unidad de la fe y del conocimiento del Hijo de Dios, al hombre perfecto, a la medida de la estatura de la plenitud de Cristo. Efesios, 4:13

Perseveraban unánimes cada día en el templo, y partiendo el pan en las casas comían juntos con alegría y sencillez de corazón. Hechos, 2:46

Solamente os ruego que os comportéis como es digno del evangelio de Cristo, para que, sea que vaya a veros o que esté ausente, oiga de vosotros que estáis firmes en un mismo espíritu, combatiendo unánimes por la fe del evangelio. Filipenses, 1:27

Lo grande y extraordinario solo se gana entendiendo la visión del Poder del Acuerdo, y así aplicarla con firmeza en el trabajo en equipo.

Existen leyes divinas que controlan el universo, y una de ellas es el Poder del Uno como Equipo. Y esto se da plenamente, cuando usted logra ser uno con Dios y ser uno con su prójimo inmediato.

Una de las más terribles maldiciones que han impedido y limitado la activación de la Gloria Superior es inexcusablemente: *La División*.

Pero ahora mismo, solo el Poder del Trabajo en Equipo es lo único que acelerara la Bendición y los Triunfos. Debido a esto, el ser uno con tus discípulos, tus ministros, ó con tus autoridades espirituales que te cubren, y aprendiendo a desarrollar el verdadero Trabajo en Equipo bajo unidad de propósito; así usted nunca perderá, siempre será un innegable Ganador. Porque fuiste Predestinado para Ganar...

Somos miembros del cuerpo de Cristo, y nos necesitamos unos a otros. Lo peor es estar aislados el uno del otro. Al aprender el Trabajo en Equipo, entramos en esa dimensión del Uno, y eso abre las ventanas de los cielos...

No solo necesitas milagros, también necesitas ver las cosas grandes que Dios diseño: El Trabajo en Equipo. Es para tí.

"Pero no ruego solamente por estos, sino también por los que han de creer en mí por la palabra de ellos; para que todos sean uno; como tú, Padre, en mí y yo en ti, que también ellos sean uno en nosotros, para que el mundo crea que tú me enviaste. Yo les he dado la gloria que me diste, para que sean uno, así como nosotros somos uno. Yo en ellos y tú en mí, para que sean perfectos en unidad, para que el mundo conozca que tú me enviaste, y que los has amado a ellos como también a mí me has amado. "Padre, aquellos que me has dado, quiero que donde yo esté, también ellos estén conmigo, para que vean mi gloria que me has dado, pues me has amado desde antes de la fundación del mundo. Padre justo, el mundo no te ha conocido, pero yo te he conocido, y estos han conocido que tú me enviaste. Les he dado a conocer tu nombre y lo daré a conocer aún, para que el amor con que me has amado esté en ellos y yo en ellos. "
Juan 17:20- 26

 **Semana 3 día 7**

4 Cosas que te mantendrán Ganado

*Cuatro de las cosas más pequeñas de la tierra
son más sabias que los sabios.*

Proverbios 30:24.

Verdad Profunda

No pierdas tu tiempo buscando cosas espectaculares para ganar, porque el hacer cosas pequeñas con persistencia, es lo que te introduce en la Gloria Superior. Las cosas pequeñas, por lo general, son las que los perdedores desprecian. Pero, las cosas pequeñas te llevaran a la grandeza personal, familiar y ministerial.

Introducción

Por lo general al ser humano lo han engañado haciéndole pensar que son las cosas súper extraordinarias que te harán ganar en lo que emprendas; te quiero decir que no es así. La sabiduría que Dios le dio a Salomón, le hizo ver que son las cosas pequeñas las que te hacen triunfar; y que haciendo las cosas pequeñas te hacen ser más sabios, que todos los sabios del mundo.

En lo espiritual la grandeza no se mide de igual manera como en el plano material, físico, ó, lógico de los sentidos. En el mundo espiritual la verdadera grandeza está ligada a una base superior de verdades espirituales, y allí no existe engaño. Todo lo que no es verdadero, superficial y circunstancial es engañoso, es terriblemente un peligro.

Por lo general los humanos andan tras el éxito evaluándolo conforme a la razón y la lógica. Olvidando los pequeños detalles.

Según la sabiduría que Dios le revelo a Salomón, el hacer las cosas pequeñas con firmeza y disciplina; son las que te llevaran a la grandeza de la gloria superior. Porque el hacer las cosas pequeñas, te hace más sabios que los sabios.

Cuatro de las cosas más pequeñas de la tierra son más sabias que los sabios. Proverbios 30:24.

Salomón hijo de David se afianzó en su reino.
Jehovah su Dios estaba con él y le engrandeció sobremanera.
Entonces Salomón habló a todo Israel: a los jefes de millares y
de centenas, a los jueces y a todos los dirigentes de todo Israel,
jefes de las casas paternas. Salomón, y toda la congregación con él,
fueron al lugar alto que había en Gabaón; porque allí se encontraba
el tabernáculo de reunión de Dios que Moisés, siervo de Jehovah,
había hecho en el desierto. (Aunque David había subido el arca
de Dios desde Quiriat-jearim al lugar que le había preparado,
porque le había erigido una tienda en Jerusalén.)
Y el altar de bronce que había hecho Bezaleel hijo de Uri,
hijo de Hur, estaba allí delante del tabernáculo de Jehovah.
Y Salomón y la congregación fueron a consultarle.
Salomón fue allí, ante Jehovah, al altar de bronce que estaba
en el tabernáculo de reunión, y ofreció sobre él 1.000 holocaustos.

Aquella noche Dios se apareció a Salomón y le dijo:
—Pide lo que quieras que yo te dé.
Y Salomón respondió a Dios
—Tú has mostrado gran misericordia a mi padre David,
y a mí me has constituido rey en su lugar.
Ahora, oh Jehovah Dios, sea confirmada tu palabra
dada a mi padre David, porque tú me has constituido rey
sobre un pueblo tan numeroso como el polvo de la tierra.
Ahora pues, dame sabiduría y conocimiento,
para que yo pueda salir y entrar delante de este pueblo.
Porque, ¿quién podrá gobernar a este tu pueblo tan grande?
Entonces Dios dijo a Salomón: —Porque esto ha estado en tu corazón,
y no has pedido riquezas, ni posesiones, ni gloria, ni la vida
de los que te aborrecen, ni tampoco has pedido muchos años,
sino que has pedido para ti sabiduría y conocimiento
para gobernar a mi pueblo sobre el cual te he constituido rey,
te son dados sabiduría y conocimiento. Pero también te daré riquezas,
posesiones y gloria tales como nunca sucedió con los reyes
que fueron antes de ti, ni sucederá así después de ti.
2 Crónicas 1:1 -12.

El Poder de la Sabiduría.

Para ganar usted necesita sabiduría, definitivamente la revelación de la Palabra de Dios muestra claramente, que el camino más excelente para lograr triunfos reales y contundentes, cuando otros pierden y no logran alcanzarlo; es la Sabiduría.

Salomón fue visitado sobrenaturalmente por el Espíritu Santo, quién puso en él la sabiduría y la ciencia en para que, lo que para otros es complicado e inalcanzable, fuese plenamente fácil para Salomón. Hoy te recomiendo que por nada del mundo, te dejes seducir por la corriente del montón, de la mayoría de la gente. No te dejes engañar; no operes o actúes en la vida haciendo cosas sin sentido.

> *" Por eso yo corro así, no como a la ventura; peleo así, no como quien golpea al aire.."* 1 Corintios 9:26, 27

Salomón entendió que los que se dicen ser sabios, no son tan sabios, porque hay cosas que Dios le mostro que son pequeñas, pero son; *Más Sabias que los Sabios.*

4 Cosas pequeñas que son más Sabias que los Sabios:

1. Aprende de la Radicalidad de la *Hormiga*: El Cumplir Metas en el Tiempo Radical, y el Trabajo en Equipo que es clave para que no dejes la obra por la mitad; porque solo nunca podrás trabajar efectivamente.
2. Aprende de la Habilidad del *Conejo*: Establece tu Crecimiento, Multiplicación y Estabilidad sobre la base de la Palabra y la Oración. A través del trabajo en equipo. (Sobre la Roca).
3. Aprende de la disciplina de la *Langosta*: Está organizada como ejercito y trabaja en perfecta sincronía, sin necesidad de que le estén empujando, girando según la visión lo necesite.
4. Aprende de la Visión de la *Araña:* En su sencillez de espíritu, no tiene límites para lograra sus metas, aunque *la atrapas con la mano*, entra sin complicaciones en todas partes: Ningún territorio le es imposible.

Con estas 4 bases estratégicas, Salomón construyo un gran templo para Dios, y logro un reino poderoso, estable y lleno de paz.

Nunca te dejes impresionar por los logros que las personas llaman éxito, porque hay cosas cuya plataforma, lamentablemente es de barro; es decir, cosas que se caerá porque no tienen una base solida ni estable en sí mismas.

Es necesario que en lo que te proyectes a realizar, realmente tenga bases solidas.

Tú misión más grande en la tierra es cumplir el propósito de Dios. No eres un perdedor. No te dejes impresionar por cualquier cosa.

Naciste para establecer el gobierno de Dios en esta tierra, y que para desarrollarlo no se convierta en un tormento, sino que sea en paz.

Jesús dijo: *"Mi yugo es fácil y ligera mi carga..."* Es necesario obrar con sabiduría.

Definitivamente, solo las estrategias de Sabiduría divina te daran estabilidad y fundamento a tus caminos en Dios.

Jesús dijo:

"Yo os mostraré a qué es semejante todo aquel que viene a mí y oye mis palabras, y las hace. Es semejante a un hombre que al edificar una casa cavó profundo y puso los cimientos sobre la roca. Y cuando vino una inundación, el torrente golpeó con ímpetu contra aquella casa, y no la pudo mover, porque había sido bien construida. Pero el que oye y no hace es semejante a un hombre que edificó su casa sobre tierra, sin cimientos. El torrente golpeó con ímpetu contra ella; en seguida cayó, y fue grande la ruina de aquella casa."
Lucas, 6: 47 -49.

• No necesariamente tienes que hacer lo que hagan los demás; pide siempre dirección al Espíritu Santo para todo. El Santo Consolador es el Espíritu de verdad, el cual te guiara a toda verdad y a toda justicia. Es necesario que tengas cuidado en cuanto seguir claramente su dirección. En humildad te conviene seguir el camino de los verdaderos triunfos, porque esto solo se logra con Sabiduría.

Salomón se propuso construir una casa al nombre de Jehovah, y una casa real para sí. 2 Crónicas, 2:1.

• Cuando emprendas algo nunca te desconcentres. Comienza y termina. Ten fe confianza y radicalidad. Invierte toda tu energía y que nada te distraiga. Uno de los grandes problemas que impiden el éxito, está precisamente en la Distracción. Que nada te distraiga. Lo que empiezas lo terminas. Mantente firme y radical en lo que emprendes porque esto traerá grandes recompensas.

Entonces Salomón dijo: "Jehovah ha dicho que él habita en la densa oscuridad. Y yo te he edificado una casa sublime, una morada donde habites para siempre." El rey se volvió y bendijo a toda la congregación de Israel. Y toda la congregación de Israel estaba de pie. Entonces dijo: "¡Bendito sea Jehovah Dios de Israel, quien con su mano ha cumplido lo que con su boca prometió a mi padre David.
2 Crónicas 6:1 al 4.

El ser humano necesita Sabiduría para ser efectivo. Lo que empezó Salomón, lo termino porque él conocía secretos de Sabiduría.

Es necesario que lo que emprendas lo termines; y para que esto ocurra es necesaria la Sabiduría.

Tres Caminos a la Sabiduría.

1. Humillación en el Altar, es decir, vive en la Presencia de Dios, con Ofrendas de Sacrificio. (Salomón Sacrifico a Dios)
2. Nunca te apoyes en tu propia prudencia. Sigue la guía de tu mentor. (David el mentor de Salomón)
3. Que el foco de tu servicio no se fundamente en el bien temporal (bienestar), sino en el propósito de Dios.

Bajo estos tres consistentes principios, Salomón:

Impactó el mundo espiritual y venció en el mundo físico...

"Y si a alguno de vosotros
le falta sabiduría, pídala a Dios,
quien da a todos con liberalidad y sin reprochar;
y le será dada." Santiago 1:5

El reto está en hacer todo con sabiduría, sin confundirnos ni hacer lo que hacen "los del montón."

Oración.

Dios todo poderoso
en el nombre de Jesucristo, hoy de todo corazón
pido sabiduría para honrar tu nombre y adorarte,
la visión que tú me has entregado es grande extraordinaria y gloriosa;
Eterno Creador quiero Sabiduría, porque con Tu Sabiduría
lo que duraría luchando con mis fuerzas 30 años
lo lograre en tres meses, en el nombre de Jesús,
mi eterno Dios; quiero sabiduría.
Amen

 **Semana 4 día 1**

La Firmeza de la Hormiga

"Las hormigas, pueblo no fuerte,
pero en el verano preparan su comida"
Proverbios 30:25.

La Hormiga

Verdad Profunda

Para nosotros aunque es muy normal o común ver la hormiga en cualquier lugar, lo que muchos podríamos ignorar de esta, es que la hormiga anda con firmeza de metas; la hormiga es radical con su propósito. La hormiga trabaja con el calendario, conociendo los tiempos y aprovechando al máximo.

"La hormiga pueblo no fuerte…", definitivamente la efectividad de la hormiga no depende de su fuerza, sino de su propia radicalidad en cumplir sus metas. Cimentada en este propósito, aprovecha el tiempo, siendo fiel a su causa ó visión en todo.

Las hormigas, pueblo no fuerte, pero en el verano preparan su comida. Proverbios 30:25.

La Efectividad de la Hormiga no depende de su fuerza sino de la Sabiduría.

> ➤ *La Hormiga Sabe Lo que Quiere…*
> ➤ *La Hormiga Sabe Cuándo lo Quiere…*

> *La hormiga Sabe <u>Cómo</u> lo Quiere...*
> *La Hormiga Sabe <u>Dónde</u> lo Quiere...*

La hormiga no necesita que estén encima de ella, sin capitán, ni gobernador; sabe lo que tiene que hacer.

Ve a la hormiga, oh perezoso;
observa sus caminos y sé sabio.
Ella no tiene jefe,
ni comisario, ni gobernador;
pero prepara su comida en el verano,
y guarda su sustento en el tiempo de la siega.
Perezoso: ¿Hasta cuándo has de estar acostado?
¿Cuándo te levantarás de tu sueño?
Un poco de dormir, un poco de dormitar
y un poco de cruzar las manos para reposar.
Así vendrá tu pobreza como un vagabundo,
y tu escasez como un hombre armado.
Proverbios 6:6 al 11.

Bajo estos principios, aunque la hormiga no es como el tigre, ni como el elefante, sin embargo, esta invierte toda su fuerza, voluntad, firmeza, y carácter para recoger su alimento en tres meses. La hormiga recoge en ese lapso de tiempo programado, toda la comida necesaria para el resto del año. De la hormiga aprendemos lo siguiente:

* ❖ Trabaja con metas concretas.
* ❖ Prefija el orden de los tiempos. Planificación.
* ❖ Todas se enfocan en lo que quieren, porque no existe contradicción egocéntrica. Sin individualismo
* ❖ Todas se levantan temprano, y aprovechan el tiempo de sol.
* ❖ La hormiga se adelanta a los tiempos de crisis.

❖ Cuando la hormiga sale a buscar su alimento, arriesgan su vida, sin temor a la muerte; lo dan todo por su visión.

❖ Cuando consiguen una comida, si el pedazo es muy grande, entre todos lo arrastran hacia su centro de cosecha.

❖ Nunca ponen excusas. Todas trabajan por la visión, porque saben y entienden, que si no trabajan en el Poder del Uno, lamentablemente morirán de hambre.

❖ Conocen por discernimiento el tiempo de su comida. La hormiga sabe que no todo el tiempo se puede recoger comida, y que si pierde su tiempo, en el tiempo de invierno no podrá salir y el frio las matara.

Jesús dijo:

Me es preciso hacer las obras del que me envió, mientras dure el día. La noche viene cuando nadie puede trabajar. Juan. 9:4.

La hormiga trabaja mucho en tiempo de siega, su comunicación es toda inclinada hacia el propósito. No se dejan distraer de nada.

Las Hormigas son perfectamente Unidas

No existe división entre ellas, todas se esfuerzan a pesar de que no ser fuertes físicamente.

Hay algo clave en la vida, y es esta gran palabra de sabiduría: Nunca se logrará lo que se quiere con efectividad, si no se tienen metas claras. Es necesario, que este código de Sabiduría que se nos revela en las hormigas, lo apliquemos radicalmente a nuestra propias vidas.

Todos los días de nuestra vida, cada minuto, cada segundo; nunca jamás perdamos el Propósito, ni aun nuestro Tiempo por nada.

5 Lecciones operativas de la Hormiga:

• Hoy es el tiempo de tu visitación donde Dios te abre la puerta grande, para que ganes y experimentes triunfos. Es necesario que en lo que te es de bendición, lo apliques con toda tu fuerza, firmeza, y voluntad. No pierdas tu tiempo, haciendo lo que te debilita, no te distraigas en lo que te roba tu potencial.

• En el tiempo de tu cosecha, escribe la meta general del trimestre; y cuanto recogerás diario, semanal, mensual y trimestrales. No temas al auto-evaluación diario, semanal, mensual y trimestral. Si no lo haces, es porque aun todavía tienes cultura de perdedor. Tampoco te rehúses a ser supervisado, y evaluado frecuentemente.

• Aprovecha el tiempo, temprano en la mañana y comienza tu labor con oración profunda en la madrugada. Escribe cada detalle, y muévete con la agenda que te dice Dios. Porque la hormiga nos da ejemplo, de que no es amiga de la pereza, sino que es muy diligente al comenzar el día.(Despierta con el alba)

• Todos los días es necesario arriesgar para ganar. Cuando la hormiga sale, va con todo. Ella arriesga su vida, sabe que cada minuto cuenta, y por lo tanto, durante sus tres meses de cosecha, la hormiga busca y logra provecharlos al máximo.

• La hormiga piensa en el poder del bien común, la hormiga, no trabaja solo para ella, esta sabe que el individualismo es enemiga del propósito, del eterno creador.

• Si una gana, ganan todas, si se pierde, pierden todas. La hormiga tiene un código de sabiduría tan extraordinario que es de lo más Sabio de la tierra.

- Todo liderazgo que anda sin propósito, y sin metas radicales nunca lograra el cumplimiento de sus sueños.

Oración

Dios todo poderoso en el nombre de Jesucristo
me levanto en fe y en el poder de tu palabra
creyendo que hoy comienza a un tiempo de orden y alto nivel
de disciplina en mi vida. Hoy asumo mi responsabilidad,
acepto que no se puede tener triunfos,
Sin disciplina
en el nombre de Jesús.
Amén.

 **Semana 4 día 2**

La Estabilidad del Conejo

"Los conejos, pueblo nada esforzado,
Y ponen su casa en la piedra;"
Proverbios 30:25.

El Conejo

El Conejo, pueblo nada esforzado, pero su casa está siempre en la roca.
Prov. 30:25

Verdad Profunda

Definitivamente una de las grandes maldiciones que ataca al ser humano, es el no entender el poder del trabajo en equipo, este es uno de los códigos de sabiduría más poderosos, que existen entre el cielo y la tierra. Para ganar, Dios te pondrá personas claves que tendrán habilidades especiales, las cuales Dios las utilizará para que siempre seas estable, es decir, siempre estés cimentado en la roca.

5 Principios derivados del Conejo.

---

1. Para estar firme; necesito de la ayuda de otros.

---

2. Para estar firme; debo mis áreas débiles.

136

3. Para estar firme debo reconocer las habilidades de los demás. Necesito del talento de los demás.

4. Para estar en la roca; debo ser un experto en poder trabajar en equipo.

5. Para estar firme; debo dejar que cada cual haga su labor, sin tropiezo.

Pues el cuerpo no consiste de un solo miembro, sino de muchos. Si el pie dijera: "Porque no soy mano, no soy parte del cuerpo," ¿por eso no sería parte del cuerpo? Y si la oreja dijera: "Porque no soy ojo, no soy parte del cuerpo," ¿por eso no sería parte del cuerpo? Si todo el cuerpo fuese ojo, ¿dónde estaría el oído? Si todo fuese oreja, ¿dónde estaría el olfato? Pero ahora Dios ha colocado a los miembros en el cuerpo, a cada uno de ellos, como él quiso. Porque si todos fueran un solo miembro, ¿dónde estaría el cuerpo? Pero ahora son muchos los miembros y a la vez un solo cuerpo." 1 Corintios. 12: 14 - 20.

El principal enemigo de su prosperidad podría ser usted mismo, el yo. el no entender que usted tiene sus límites, y que si no se abre a reconocer las virtudes de otros que Dios le puso para ayudarle; será un riesgo sumamente peligroso, que al final solo traerá dolor y frustración.

Las mejores operaciones se logran entre varios médicos, y enfermeros. Los mejores campeonatos, lo logran los que entienden el poder del trabajo en equipo; Las mejores conquistas, la logran los equipos que están perfectamente unidos, donde no hay competencia personal. Todos piensan lo mismo, suenan lo mismo y le creen a Dios.

Jesucristo enseñó a la Estabilidad:

"¿Por qué me llamáis: 'Señor, Señor', y no hacéis lo que digo? Yo os mostraré a qué es semejante todo aquel que viene a mí y oye mis palabras, y las hace. Es semejante a un hombre que al edificar una casa cavó profundo y puso los cimientos sobre la roca. Y cuando vino una inundación, el torrente golpeó con ímpetu contra aquella casa, y no la pudo mover, porque había sido bien construida. Pero el que oye y no hace es semejante a un hombre que edificó su casa sobre tierra, sin cimientos. El torrente golpeó con ímpetu contra ella; en seguida cayó, y fue grande la ruina de aquella casa." Lucas. 6: 46 al 49.

Millones de vidas se han perdido, a causa de la Inestabilidad. Nunca más cometa el error, de confiar en tu propio consejo, ó experiencia heredada. La Estabilidad dependerá siempre de una solida base de trabajo en equipo, en Dios y en Su Palabra.

En el camino hacia la estabilidad, Dios siempre te pondrá personas con habilidades especiales para ayudarte a conquistar y a estar estable.

Hay áreas donde existen personas que son preparadas las cuales Dios les dio grandes habilidades; reconócelas, y déjalos que te ayuden, eso te dará estabilidad.

Cuando reconoces la habilidades de los demás, no te estás menospreciando, al contrario eres una persona candidata para estar todo el tiempo en la Roca de la Estabilidad. Por nada del mundo trates de hacerlo todo; deja que esas personas, especiales que Dios te envía trabajen contigo, y verás cada vez más firmeza.

5 Declaraciones inquebrantables ante Dios para Ganar

1) *Dios dame las personas claves, que trabajen junto a mi; que estén conectaos con el espíritu de la visión, la cual tu me has asignado.*

2) *Ayúdame eterno Dios, a que el egoísmo y la competencia personal, no perturbe ni atrase el propósito que me has revelado; de modo que no exista la Inestabilidad.*

3) *Dios líbrame de la soberbia. Ayúdame a reconocer mis propias debilidades y las fortalezas de mis amigos que me bendicen.*

4) *Dios eterno dame la capacidad de pensar en lo que permanece y nunca poner la mirada en lo superficial y temporal.*

5) *Dios todo poderoso, ayúdame a reconocer a mis compañeros, a honrarles y a respetarles para así estar en Paz y Estabilidad.*

Es imposible que se pierda la cosecha cuando el equipo es uno, y cada cual hace su trabajo. Es imposible que un Visión se estanque o caiga, cuando hay unidad de propósito y no existe división.

Jesucristo dijo:

**Pero como conocía los razonamientos de ellos,
les dijo: Todo reino dividido contra sí mismo está arruinado,
y cae casa sobre casa.**

Lucas 11:17

El reto más extraordinario para nosotros hoy, es entender el Poder del Trabajo en Equipo, este código de alto nivel, lo aplican todos los días los que conocen que están predestinados, para ganar.

Oración

Eterno creador, padre del cielo y de la tierra,
del conejo puedo aprender que ningún ególatra llega lejos,
que son las personas que aprenden a trabajar en equipo
los que pueden tener estabilidad.

Dios eterno. Creo tu palabra.
Acepto tu voz, recibo tu Unción en el nombre de Jesús.
Sé que con la revelación del trabajo en equipo todo lo que emprenda
siempre estará en estabilidad,
y en firmeza. Amén!!

 Semana 4 día 3

La Estrategia de la Langosta

*"Las langostas, que no tienen rey,
Y salen todas por cuadrillas;"*
Proverbios 30:27

La Langosta

Disciplina Militar para Ganar

La Langosta representa la Sincronía perfecta de Movimientos Estratégicos en un Ejército Perfecto para nunca jamás perder una batalla. La Langosta esta formateada para triunfar, por encima de cualquier circunstancia. En el carácter de la Langosta se revelan varios principios que aseguraran que usted siempre será un genuino ganador.

Verdad Profunda

La única manera de ganar realmente en esta vida, es alcanzando niveles radicales de disciplina estratégica para garantizar grandes triunfo.

Es necesario ser fundamentalmente disciplinado. Tanto usted como los que están en su equipo, aseguraran por este medio una victoria constante.

7 Aspecto que necesitas establecer en todo tiempo

1. Ordena tu Tiempo de Oración, debes ser estricto en ello. (Es mejor que aproveches las primeras horas de la mañana. Marcos 1:35)
2. Ordena tu Tiempo de Estudio y meditación de la Palabra. (Escoge un sitio donde medites, tomes notas, y escribas cada palabra que Dios te revela. (Juan 5:39)
3. Ordena tu alimentación física. (Se prudente con lo que le das al templo de Dios-tu cuerpo. No ingieras comidas pesadas en la noche para que duermas bien y te levantes ligero para orar.)
4. Ordena tu vida familiar, aprende del Poder del Altar Familiar.
5. Ordena tus metas de Ganar personas para Jesús. (Juan 4:35)
6. Ordena tus metas de Discipular. (Mateo 28:19)
7. Ordena tus proyecciones de libertad financiera. (Malaquías 3:10).

El desorden con tu tiempo es un peligro latente. Porque las personas predestinadas para ganar están profundamente ligadas a los códigos de sabiduría de la Langosta, la cual aprovecha al máximo su tiempo.

Es necesario creerle a Dios. Porque nadie puede lograr ser plenamente exitoso sin disciplina. Una de las grandes realidades en la conformación y establecimiento de un ejército para ganar es; la disciplina en equipo.

La improvisación, la indisciplina, y las excusas han sido la cultura de muchos que se estancaron en el pozo de la frustración; pero usted que está Predestinado para Ganar, sabe que sin disciplina no funcionara efectivamente.

Las langostas, que no tienen rey, pero salen todas por cuadrilla Proverbios, 30:27. ….**La langosta, mi gran ejército…** Joel 2:25

La Langosta nos habla de las cosas pequeñas que se aplican en la vida militar para darle éxito y victoria a un ejército. Definitivamente no se puede avanzar en nada sin una vida profundamente disciplinada, porque El triunfo y El Desorden, no tienen relación entre sí.

Evite el Desorden y la Irresponsabilidad

Una de las grandes batallas a la que nos enfrentamos continuamente, es con la indisciplina y todas las maldiciones de irresponsabilidad. Es necesario ser fuertes, y firmes en la visión de Dios.

Jamás podrás alcanzar plenitud de éxitos en la vida, sin aceptar el orden y la disciplina en todos los aspectos de tu vida. Independientemente de que muchas veces la cultura que está relacionada con la inconstancia, la indisciplina y con el desorden quiere imponerse; cuando venimos a Cristo debemos ser libres, e incursionar en el modelo de Dios que está revelado en la vida de la Langosta. Esto nos habla de reprogramarnos en el Modelo de Dios para tener éxito verdadero en la vida.

Nadie podrá tener un éxito real, si no acepta los Códigos de alto nivel de Responsabilidad radical.

Las langostas, que no tienen rey, pero salen todas por cuadrillas.
Proverbios, 30:27.

Esta expresión enfatiza que la Langosta no tiene rey, y que salen todas por cuadrillas; nos ilustra que la Langosta tiene un nivel de tal madures, tan extraordinario que no necesita que la estén atacando y presionando constantemente para que cumpla con sus propias responsabilidades.

La langosta actúa maduramente, conoce sus principios de responsabilidad en alto nivel.

No es bueno que siempre, hasta en lo más mínimo a usted se le este indicando, y reclamando para que se logren los objetivos propuestos.

Es necesario entrar en altos niveles de responsabilidad. En la medida que entramos en estos niveles donde actuamos por convicción y responsabilidad; estaremos en la verdadera ruta del triunfo.

Nadie realmente podría experimentar éxitos, sino se somete plenamente a una vida de alto nivel de disciplina y responsabilidad.

3 áreas que usted necesita que el Espíritu Santo trabaje para Ganar:

• **Tiempo**

> Nadie logra metas sino ordena su tiempo y le da prioridad a lo más importante. Su Tiempo. Es y vale más que el oro.

> *"En tus manos están mis tiempos..."* Salmo 31:15

• **Carácter**

> Nunca te aferres a cosas que te pueden perjudicar en la conquista. Cuando tengas que dejar algo que te es de tropiezo, déjalo. *"Tu no vives de lo que a ti te gusta, tu vives de lo que a ti te conviene."* 1 Corintios 6:12

"Y cualquiera que no toma su propia cruz y viene en pos de mí, no puede ser mi discípulo. Lucas, 14:27.

- **Costumbres**

Analiza tus raíces. Cuida toda costumbre, de tu tierra, parentela y gentes que sean enemigas del propósito de Dios; córtalas, solo de ese modo puedes avanzar mucho más rápido.

Entonces Jehovah dijo a Abram: "Vete de tu tierra, de tu parentela y de la casa de tu padre, a la tierra que te mostraré. Yo haré de ti una gran nación. Te bendeciré y engrandeceré tu nombre, y serás bendición. Génesis, 12: 1 y 2.

En la medida que usted madure en estas tres áreas, experimentara cielos abiertos en gran manera sobre su vida para siempre.

Oración profética

Dios todopoderoso en el nombre de Jesucristo,
me levanto en fe, y en el poder de la palabra,
creyendo que tú tienes pleno control de mi vida,
de mi cuerpo, voluntad y corazón.
Ahora mismo, en el nombre de Jesús,
me levanto en la Palabra
con la disciplina de la Langosta,
para que todo lo que emprenda,
lo pueda conquistar con efectividad,
en el nombre de Jesús.

Amen

 **Semana 4 día 4**

La Fuerza de Penetración de la Araña

"La araña, que la atrapas con la mano,
pero está en los palacios reales." Proverbios 30:28

La Araña

La araña representa la fuerza de la penetración, porque la araña entra y posee hasta en el palacio del rey, rompiendo los límites y toda barrera territorial. Conquista, Toma y Posesión sin límites.

Verdad Profunda

En la vida del ganador no es lo mucho que puedas impresionar en cierto momento, sino en el final de la faena, que resultado has obtenido. La araña penetra hasta en el palacio del rey es decir siendo tan aparentemente frágil e insignificante, logra el objetivo de cubrir la meta, lo que emprende lo logra.

Concretando Resultados

A pesar de que cualquiera puede atrapar una araña de manera fácil, ella con sencillez obtiene todos los resultados que anhela al penetrar en todas partes.
El capítulo final de su evaluación está controlado, no por lo mucho que usted diga sino por los resultados que usted obtenga.

Pocos elementos en esta tierra obtienen los resultados de la Araña. Esta penetra desde una choza humilde hasta el palacio de un rey.

Cuando Rompe los Límites

Es necesario penetrar mucho más allá de la rutina diaria. Es imperioso ir más allá de donde siempre has estado. Es necesario ir más profundo, para conquistar áreas de pequeños y de grandes,

Es necesario entrar a todos tipos de público, grandes y pequeños, es necesario penetrar hasta en el palacio de un rey. Hay que ir más allá. Si entendemos que debemos romper los límites que muchas veces hay en nosotros, y avanzamos mas ellas de lo común, conquistando públicos que en otro tiempo eran inconquistables; entonces entenderemos lo que significa verdaderamente tener éxito.

<u>5 Verdades que debemos aprender de la Araña</u>

> ➢ **Es necesario asegurarnos que nuestra penetración sea más allá de la costumbre que por años hemos practicado.**
>
> ➢ **Jamás creas que la rutina conformista te ayuda, piensa que todos los días hay algo nuevo. Dios hace cosas nuevas.**
>
> ➢ **Es necesario que cada día entres a dominar nuevos campos**
>
> ➢ **Haciendo cosas sencillas avanza tejiendo tu camino y entras donde otros no pueden entrar**
>
> ➢ **El Poder de la Sencillez es una llave maestra que te abre toda puerta.**

Oración Profética

Dios todopoderoso en el nombre de Jesús
rompe todo limite que exista en mi mente, voluntad y corazón,
te pido que me ayudes a aceptar tu palabra,
rompe los limistes de costumbres y de la cultura
y ayúdame a ir más profundo en tu propósito,
que no exista área donde no entre con tu gracia y tu podèr.
Líbrame de aptitudes de la altivez que no me dejen penetrar,
hazme una persona mansa y humilde
que de ese modo pueda entrar
hasta los lugares más remotos de este mundo
que lo complicado para otros
sea fácil para mí.

Amén....

¡Entramos, Tomamos y Poseemos!

 **Semana 4 día 5**

Desafiados para Ganar

Jehová miró desde los cielos sobre los hijos de los hombres, para ver si había algún entendido que buscara a Dios. Salmo 14:2.

Repita: Soy la persona escogida y predestinada para ganar.

Verdad Profunda.

Dios necesita que sus hijos predestinados y escogidos respondan diligentemente ante su inminente llamado y propósito. Dios no quiere excusas, Dios te ha llamado y quiere mostrar su gloria a través de ti.

Repita: Soy la persona escogida, y predestinada, para ganar.

Dios busca, persona escogida para Cambios.

Los grandes movimientos de cambio que se han establecido sobre el mundo nunca han nacido de un grupo de personas. Todos han comenzado con una persona que ha recibido en su espíritu la voz de Dios y han obedecido con fervor.

Repita: Soy la persona escogida, y predestinada, para ganar.

El Señor Dios todo poderoso busca un entendido algún ser humano, que entienda que está predestinado para ganar. Este es un tiempo de cambio y de grandes movimiento sobre la tierra. Comienza en esta época el movimiento más grande de manifestación de la gloria de Dios.

Repita: Soy la persona escogida, y predestinada, para ganar.

Usted no puede pensar que es otra la persona escogida. Usted necesita entender que se está moviendo con fuerza la gloria de Dios buscando vasijas, y le conviene creer que este movimiento se está activando a tu favor. Hay una gloria inclinándose a ti. Los ojos de Dios en este momento están puestos sobre ti.

Repita: Soy la persona escogida, y predestinada, para ganar.

Es tiempo de abrir paso a nuevos pensamientos, nuevas ideas, nuevos caminos. Necesitamos romper con la cultura de perdedor y de fracaso. Fracasos del que fueran victimas nuestras familias. Sufrimos encarcelamiento, ruinas y pobreza. Solo porque fuimos esclavos del sufrimiento. Pero Dios está buscando personas para establecer sus ideas predestinadas para su gobierno sobre la tierra.

Repita: Soy la persona escogida, y predestinada, para ganar.

Usted tiene que cambiar su forma de pensar acerca de que otra es la persona escogida. Usted es el ser humano que Dios andaba buscando; Y partir de ahora usted y Dios caminarán perfectamente en todo.

Repita: Soy la persona escogida, y predestinada, para ganar.

No tenga temor en dejar cualquier cosa. Apéguese a esta luz, apéguese a la Gloria Superior. Apéguese a su favor. Porque estás Predestinado para Ganar. Repita: Soy la persona escogida, y predestinada, para ganar.

Reconoce la Unción que está en Ti.

"El espíritu de Jehová, el Señor, está sobre mí, porque me ha ungido Jehová. Me ha enviado a predicar buenas noticias a los pobres, a vendar a los quebrantados de corazón,

> *a publicar libertad a los cautivos y a los prisioneros*
> *apertura de la cárcel, a proclamar el año*
> *de la buena voluntad de Jehová."*

Isaías, 61:1 Y 2. Repita: Soy la persona escogida, y predestinada, para ganar.

El Espíritu eterno que te hizo desde antes de la fundación del mundo, ahora vive dentro de ti y te ha ungido con el propósito de que seas el vaso portador, sembrador y creador de las buenas noticias.

Que seas el gran promulgador de los mejores tiempos, los nuevos tiempos de Dios sobre esta tierra; tu eres el instrumento.

Repita: Soy la persona escogida y predestinada para ganar.

Instrumento Escogido.

> *El Señor le dijo:Ve, porque instrumento escogido me es este*
> *para llevar mi Nombre en presencia de los gentiles,* [
> *de reyes y de los hijos de Israel.* Hechos. 9:15 .

Repita: Soy la persona escogida y predestinada para ganar.

Tú eres la persona que el Eterno ha escogido para cosas sobrenaturales y sorprendentes. Cuando Pablo fue impactado por Dios le dijo:¿Qué quieres que haga? Pablo se dio cuenta que no debía perder la gran oportunidad de responder al llamado del Padre eterno. Hay misiones eternas para las cuales Dios te ha escogido para que las cumplas en esta tierra. Repita: Soy la persona escogida y predestinada para ganar.

Tú no eres de la escuela de Caín.

*Conoció Adán a su mujer Eva, la cual concibió y dio a luz a Caín,
y dijo: "Por voluntad de Jehová he adquirido un varón".
Después dio a luz a su hermano Abel.
Fue Abel pastor de ovejas y Caín, labrador de la tierra.
Pasado un tiempo, Caín trajo del fruto de la tierra una ofrenda
a Jehová. Y Abel trajo también de los primogénitos de sus ovejas,
y de la grasa de ellas. Y miró Jehová con agrado a Abel y a su ofrenda;
pero no miró con agrado a Caín ni a su ofrenda,
por lo cual Caín se enojó en gran manera y decayó su semblante.
Entonces Jehová dijo a Caín:
¿Por qué te has enojado y por qué ha decaído tu semblante?* Génesis,
4:1 al 6.

Caín tuvo la gran oportunidad de restaurar su familia de la maldición de la pérdida, del dolor, de la pobreza y de la enfermedad, pero no entendió ni aprovechó el tiempo. Y su hermano que nació un tiempo más tarde si lo entendió.

Repita: Soy la persona escogida y predestinada para ganar.

El problema de Caín fue, que se descuido y no valoro el tiempo oportuno, el día de gracia. Caín se descuido y su hermano lo alcanzó.

Lo peor que puede hacer un líder es no entender el tiempo de su visitación. Debe renunciar a la escuela de Caín y levantarse en Fe y en el Poder de la Palabra, y así triunfara plenamente.

Repita: Soy la persona escogida, y predestinada, para ganar.

➢ La escuela de Caín no valora las oportunidades.
➢ La escuela de Caín es orgullosa.

- ➤ La escuela de Caín piensa que nunca le van a alcanzar.
- ➤ La escuela de Caín no entiende el tiempo eterno de Dios.
- ➤ La escuela de Caín nunca tiene a Dios como primero.
- ➤ La escuela de Caín es profundamente acomplejada.
- ➤ La escuela de Caín es una escuela de perdedores que pierde las mejores oportunidades.

Repita: Soy la persona escogida, y predestinada, para ganar.

Tú eres el instrumento de Dios de esta hora. Dile a Dios, con todo tu corazón que estás listo para responderle a Él. Que la Buena Mano del Eterno esta sobre ti. Su Gracia, Su Poder y Su Palabra te están cubriendo sobrenaturalmente.

Repita: Soy la persona escogida, y predestinada, para ganar.

La Gloria Superior esta ahora resplandeciendo en ti, para que definitivamente comiences hoy, ya a cumplir las grandes misiones de Dios a través de ti para la tierra.

Repita tres veces:

Soy la persona escogida, y predestinada, para ganar.

Soy la persona escogida, y predestinada, para ganar.

Soy la persona escogida, y predestinada, para ganar.

Oración.

Dios todopoderoso,
acepto con todo mi corazón
que soy esa persona escogida para esta hora,
te abro mi vida y acepto tu dirección y revelación,
estoy listo para cumplir cada asignación de tu agenda para mi desde

antes de la fundación del mundo,
renuncio el camino de la rebeldía y la desobediencia
Se que contigo siempre me ira bien porque se...,
que estoy predestinado para ganar.

Amen...

Repita: Soy la persona escogida, y predestinada, para ganar.

 **Semana 4 día 6**

Productores de Diseños Eternos

Y dijo Dios...
Y vio Dios...   Génesis 1.

Repita: Cuando lo veo y lo confieso, ya lo tengo.

Mira que te he puesto en este día sobre naciones y sobre reinos, para arrancar y para destruir, para arruinar y para derribar, para edificar y para plantar. Jeremías, 1:10.

Verdad Profunda.

Cuando operamos en el Poder de la Gloria Superior, hablamos en fe e inmediatamente se está creando, así le traemos al mundo natural.

Repita: Cuando lo veo y lo confieso, ya lo tengo.

Mira que te he puesto en este día sobre naciones y sobre reinos, para arrancar y para destruir, para arruinar y para derribar, para edificar y para plantar. Jeremías, 1:10.

Nunca aceptes la Pérdida como Normal.

Al día siguiente,
cuando salieron de Betánia, tuvo hambre.
Y viendo de lejos una higuera que tenía hojas,
fue a ver si tal vez hallaba en ella algo;

pero cuando llegó a ella, nada halló sino hojas,
pues no era tiempo de higos.
Entonces Jesús dijo a la higuera:
Nunca jamás coma nadie fruto de ti.
Y lo oyeron sus discípulos.
Marcos, 11:12 al 14.

Repita: Cuando lo veo y lo confieso, ya lo tengo.

Mira que te he puesto en este día sobre naciones y sobre reinos, para arrancar y para destruir, para arruinar y para derribar, para edificar y para plantar. Jeremías, 1:10.

Todos los problemas tienen una raíz que es invisible a la lógica, y al ojo humano. Si los quieres resolver, nunca ataques las ramas.

Ve con el Poder Profético a la raíz y terminantemente; los derrotaras.
Repita: Cuando lo veo y lo confieso, ya lo tengo.

La Plataforma Original de Dios para ti, es Fructificación

Repita: Cuando lo veo y lo confieso, ya lo tengo.

Después dijo Dios: Produzca la tierra hierba verde,
hierba que dé semilla; árbol de fruto que dé fruto según su género,
que su semilla esté en él, sobre la tierra. Y fue así.
Produjo, pues, la tierra hierba verde, hierba que da semilla
según su naturaleza, y árbol que da fruto, cuya semilla está en él,
según su género. Y vio Dios que era bueno.

Y fue la tarde y la mañana
el día tercero.
Génesis, 1:11 al 13,
Repita: Cuando lo veo y lo confieso, ya lo tengo.

Lo normal es que todo árbol sea fructífero y cumpla su propósito, y si no está cumpliendo su propósito te es de tropiezo.

Repita: Cuando lo veo y lo confieso, ya lo tengo.

La ley de la Fructificación fue impuesta por el Eterno al principio de la Creación. Es necesario entender que todo lo que no produce conforme a su misión asignada es un tropiezo, una maldición.

Repita: Cuando lo veo y lo confieso, ya lo tengo.

Mira que te he puesto en este día sobre naciones y sobre reinos, para arrancar y para destruir, para arruinar y para derribar, para edificar y para plantar. Jeremías, 1:10.

Jamás te Acostumbres a lo que no te Bendice.

Como naciste para el éxito, todo aquello que no te es de bendición y está dentro de tu territorio, solo te está absorbiendo fuerza. Te quita tiempo y ocupa un lugar en tu territorio que puede ser para algo verdaderamente útil y fructífero.
Es necesario que te muevas en dimensiones de autoridad superior y de carácter profético, operando en lo sobrenatural. No puedes ser pasivo, es necesario aprender la ley profética del nunca jamás.

Repita: Cuando lo veo y lo confieso, ya lo tengo.

Mira que te he puesto en este día sobre naciones y sobre reinos, para arrancar y para destruir, para arruinar y para derribar, para edificar y para plantar. Jeremías, 1:10.

En busca del Éxito, la Excelencia y la Fructificación, observe y examine detenidamente en:

> ➢ Qué áreas usted ha visto que no hay frutos.
> ➢ Qué cosas usted ha tenido en su vida que nunca le han traído resultados agradables.
> ➢ Qué cosas, que lo único que le han traído es amargura y dolor.
> ➢ Reconozca la improductividad y aprenda a decir: **Nunca Jamás.**

Mira que te he puesto en este día sobre naciones y sobre reinos, para arrancar y para destruir, para arruinar y para derribar, para edificar y para plantar. Jeremías, 1:10.

Cada vez que usted encuentra algo negativo en la carrera de su tiempo terrenal, y observa que no hay frutos, sea el ministerio, en las finanzas, ó en las relaciones familiares; es necesario que lo desarraigue totalmente. Arranque todo lo que es maldición en el nombre de Jesús. Mira que te he puesto en este día sobre naciones y sobre reinos, para arrancar y para destruir, para arruinar y para derribar, para edificar y para plantar. Jeremías, 1:10.

Repita: *Cuando lo veo y lo confieso, ya lo tengo.*

La Palabra profética **"Nunca Jamás"**, tiene una trascendencia eterna.

Repita: Cuando lo veo y lo confieso, ya lo tengo.

Cuando usted dice **"Nunca Jamás"**, está librándose de esa maldición y al mismo tiempo, está liberando para siempre a su descendencia biológica y espiritual de las maldiciones. (*"tus renuevos"*).

Repita: Cuando lo veo y lo confieso, ya lo tengo.

Jamás se acostumbre a la pérdida. Porque Jesús, cuando encontró a la higuera que no tenía fruto, en momentos de necesidad, cuando él tenia hambre, de inmediato le dijo: **Nunca jamás coma nadie fruto de ti...** Mira que te he puesto en este día sobre naciones y sobre reinos, para arrancar y para destruir, para arruinar y para derribar, para edificar y para plantar. Jeremías, 1:10.

Repita: Cuando lo veo y lo confieso, ya lo tengo.

Llegó la hora de decirle **"Nunca Jamás"** ha:

* El fracaso familiar.
* La opresión financiera.
* La vida cansada y sufrida.
* La vida sin dar frutos de vida eterna que son las almas del Señor.
* La pérdida de los mejores negocios.

- La caída de las mejores oportunidades.
- Las contiendas familiares.
- La Pérdida de las mejores conexiones, es decir, de personas que son claves para tu carrera.
- El tormento y la maldición de la Inconstancia.
- La maldición del Desánimo.
- Todo lo que te haga perder tu valioso tiempo.
- Todo lo que te provoque confusión.
  Todo lo que sea maldición de ansiedad e inseguridad.
- Todo tipo de enfermedad y sufrimiento.
- Las enfermedades que son de líneas hereditarias.
  . Mira que te he puesto en este día sobre naciones y sobre reinos, para arrancar y para destruir, para arruinar y para derribar, para edificar y para plantar. Jeremías, 1:10.

Establezca un Decreto de Cambio.
Total y Definitivo.

Repita: Cuando lo veo y lo confieso, ya lo tengo.

Le recomiendo que haga su lista de **"Nunca Jamás"**, e impóngase en el nombre del Señor Jesucristo, sobre todo lo que sea opresión del sistema perverso de las tinieblas. Es necesario que usted establezca un decreto de cambio, y háble con autoridad, entonces solamente así, su vida nunca jamás será igual, Porque usted ya ha sido Predestinado para Ganar

Repita: *Cuando lo veo y lo confieso, ya lo tengo.*

. Mira que te he puesto en este día sobre naciones y sobre reinos, para arrancar y para destruir, para arruinar y para derribar, para edificar y para plantar. Jeremías, 1:10.

Oración Profética.

Dios todo poderoso
sé que estoy
Predestinado para Ganar
pero durante años he vivido el sufrimiento,
la angustia y el dolor,
hoy te presento mi lista de "Nunca Jamás",
porque entiendo que
no le puedo servir a dos señores.
Al Fracaso y a la Victoria,
Hoy me levanto en autoridad y
declaro en el nombre de Jesús que es sobre todo nombre,
que nunca jamás la pérdida, el fracaso, el dolor,
ni la enfermedad dominaran mi vida y ni la de mi familia.
En el nombre de Jesús, nos levantamos en la Palabra
y enviamos a los abismos, todo lo infructífero
que ha rodeado mi vida en el nombre de Jesús.
Amen.

Repita:

Cuando lo veo y lo confieso, ya lo tengo.

Cuando lo veo y lo confieso, ya lo tengo.

Cuando lo veo y lo confieso, ya lo tengo.

 **Semana 4 día 7**

Desarrolla cultura de Ganador

"A Simón, a quien puso por sobrenombre Pedro." Marcos 3:16.

Repita: Soy diligente en responderle a Dios, jamás perderé mis mejores oportunidades.

Verdad Profunda.

Durante años usted ha hecho muchas cosas, pero ha perdido muchas oportunidades. De alguna manera fuiste ministrado por una mala semilla que llegó a tu vida, y se perturbó tu éxito.

Repita: Soy diligente en responderle a Dios, jamás perderé mis mejores oportunidades.

Esfuérzate y se muy valiente, afirma tus pensamientos y aplica toda tu fuerza para desarrollar en ti la cultura de una persona ganadora. Porque la lucha más grande que usted pueda tener no es con otras personas, es con usted mismo. Se tiene que esforzar y nunca olvidar que estás Predestinado para Ganar.

Jesús le dijo a Nicodemo, un hombre muy preparado, un gran líder judío, un hombre muy capacitado teológicamente, pero Jesús le dijo:

"De cierto, de cierto te digo, que el que no naciere de nuevo, no puede ver el reino de Dios. Nicodemo le dijo: ¿Cómo puede un hombre nacer siendo viejo? ¿Puede acaso entrar por segunda vez

en el vientre de su madre, y nacer? Respondió Jesús: De cierto,
de cierto te digo, que el que no naciere de agua y del Espíritu,
no puede entrar en el reino de Dios. Lo que es nacido de la carne,
carne es; y lo que es nacido del Espíritu, espíritu es. No te maravilles
de que te dije: Os es necesario nacer de nuevo. El viento sopla
de donde quiere, y oyes su sonido; mas ni sabes de dónde viene,
ni a dónde va; así es todo aquel que es nacido del Espíritu. Juan 3:1 al
8.

Repita: Soy diligente en responderle a Dios, jamás perderé mis
mejores oportunidades.

Jesús le dijo a Nicodemo que él podía Nacer de Nuevo y ver el Reino de
Dios, pero que necesitaba nacer del Agua y del Espíritu. Esto que quiero
compartir contigo es una profunda e impresionante Revelación:

Cuando hablamos del "Nacer del Agua y del Espíritu", es someter
nuestra alma viciada con la Pérdida, ha que muera a la estructura
mental de Pérdida, del viejo hombre, de nuestra antigua y vieja manera
de vivir. Esa alma que antes vivía y actuaba conforme a la
concupiscencia de la carne que ahora se someta, y acepte todo los
códigos de vida que vienen de la revelación de la Ley del Espíritu de
Vida en Cristo.

Repita: Soy diligente en responderle a Dios, jamás perderé mis
mejores oportunidades.

"Nacer del Agua" es nacer de la Palabra. Nacer del Agua es como
cuando usted ha tenido una computadora que se ha bloqueado y tiene
un virus, entonces el técnico le dice:

"Le puede servir, pero la tienes que reformatear, ó limpiar
completamente, para luego reprogramarla desde sus raíces. Entonces

solo así podrá aceptar los nuevos programas, y funcionará eficazmente."

Repita: Soy diligente en responderle a Dios, jamás perderé mis mejores oportunidades.

Hay algunas cosas que a usted no le sirven, y ni siquiera puede tratar de repararlas. Sino que usted tiene que comenzar otra vez por la vida del espíritu, es decir; Naciendo del Agua.

Pedro aceptó el reto de salir de perdedor a comenzar a ganar a través de permitirle a Dios ministrar su vida, en los momentos de presión este entendió que no podía perder esta gran oportunidad, si perseveraba pasaba a la historia.

Repita: Soy diligente en responderle a Dios, jamás perderé mis mejores oportunidades.

Desde entonces muchos de sus discípulos volvieron atrás, y ya no andaban con él. Dijo entonces Jesús a los doce: ¿Queréis acaso iros también vosotros? Le respondió Simón Pedro: Señor, ¿a quién iremos? Tú tienes palabras de vida eterna. Y nosotros hemos creído y conocemos que tú eres el Cristo, el Hijo del Dios viviente. Juan, 6:66 al 69.

De esta manera, nunca jamás aceptará la vida de fracaso, sino que se verá en lo que Dios ha predestinado para usted, conforme a los códigos de éxitos de vida; que Dios puso en ti desde antes de la fundación del mundo.

Pedro entendió que no le quedaba otro camino, en él había un código que le decía que el estaba predestinado para ganar y aunque otros se fueran el no dejaría esa gran oportunidad.

Viniendo Jesús a la región de Cesaréa de Filipo, preguntó a sus discípulos, diciendo: ¿Quién dicen los hombres que es el Hijo del Hombre? Ellos dijeron: Unos, Juan el Bautista; otros, Elías; y otros, Jeremías, o alguno de los profetas. El les dijo: Y vosotros, ¿quién decís que soy yo? Respondiendo Simón Pedro, dijo: Tú eres el Cristo, el Hijo del Dios viviente. Entonces le respondió Jesús: Bienaventurado eres, Simón, hijo de Jonás, porque no te lo reveló carne ni sangre, sino mi Padre que está en los cielos. Y yo también te digo, que tú eres Pedro, y sobre esta roca edificaré mi iglesia; y las puertas del Hades no prevalecerán contra ella.
Mateo 16:13 al 18.

Los que suponían que sabían estaban confundidos, pero Pedro el espíritu de revelación le mostraba que Jesús era el Cristo y no podía perder la oportunidad de apegarse a esa gloria superior. Pedro afirmo con fuerza, tu eres el Cristo.

"Jesús le dijo: yo también te digo, que tú eres Pedro, y sobre esta roca edificaré mi iglesia; y las puertas del Hades no prevalecerán contra ella".

Jesús vio a un hombre lleno de errores, pero sediento de Dios y le dijo por cuanto reconoces que esta es tu histórica oportunidad, por encima de sus debilidades te convertiré en una roca, y ningún poder maligno te podrá derrotar.

Usted jamás defenderá la cultura, ni las costumbres de su tierra, ni de este mundo porque no se encuentran alineados con los códigos de vida que Dios predestino para ti; arriésguese como lo hizo Pedro.

Repita: Soy diligente en responderle a Dios, jamás perderé mis mejores oportunidades.

Usted no es de este mundo, usted anda sometido bajo la ley omnipotente para el Éxito bajo el gobierno de Dios.

Los códigos del cambio de lo limitado por la gloria superior te llevaran a lo máximo en Dios , porque usted está predestinado para ganar.

Jamás usted aceptará la pobreza, ni el dolor, ni la enfermedad porque usted acepta la plenitud de la redención en Cristo. Por lo tanto todos los días vivirá y confesará esta palabra, andando por ella.

> Nunca te compares con personas de tu territorio, porque Dios lo que hará contigo no ha subido al conocimiento humano, porque Dios predestino para ti: Cosas Nuevas. Repita: Soy diligente en responderle a Dios, jamás perderé mis mejores oportunidades.

> Renuncia para siempre a todo lo que sea fracaso familiar, derrota financiera, maldición de enfermedad, vida triste y derrotada. Repita: Soy diligente en responderle a Dios, jamás perderé mis mejores oportunidades.

> Jamás aceptes el dolor como normal, porque tu estas Predestinado para Ganar. Repita: Soy diligente en responderle a Dios, jamás perderé mis mejores oportunidades.

> Nunca te olvides que con Dios nunca se pierde con Dios todo el tiempo se gana y solo créele a Dios, tu vida fue diseñada desde el principio por su amor tu estas predestinado para ganar. Repita: Soy diligente en responderle a Dios, jamás perderé mis mejores oportunidades.

El Ejemplo de Simón.

La vida de Simón era de una persona perdedora y Jesús le cambió el nombre de una persona perdedora e inestable a una persona ganadora y segura de si mismo, Simón aprovechó su oportunidad.

El nombre Simón significa, "El Inestable, una caña partida", es decir un perdedor. Debido a esto, Jesús lo cambió del camino de la inestabilidad y la pérdida al de una persona Ganadora.
Tu hora ha llegado, y declaro proféticamente que no eres del montón.
Eres una persona Bendita de Dios, predestinada desde antes de la fundación del mundo para ser un Ganador sin límites.
Repita: Soy diligente en responderle a Dios, jamás perderé mis mejores oportunidades.

El Dios que cambió la vida de Simón, el inestable en Pedro, que significa "Roca Firme". Eso mismo Dios hace hoy contigo; porque tú estás Predestinado para Ganar, porque no naciste para la pérdida, ni para el fracaso.

Hoy conéctate con la Gloria Superior que está en ti.
"Padre glorifícame con aquella gloria que tu me distes antes de que el mundo fuese..."
Dios después que hizo la figura física de barro, sopló lo que ya existía.
Dios te sopló a ti.
Tu existías desde antes. Por eso la escritura dice que *"somos a imagen y semejanza de Dios"*, es decir el Dios eterno ganador nunca te hizo para la pérdida, ni para el dolor, ni para el fracaso, ni para la enfermedad porque Dios te hizo una persona ganadora.
Repita: Soy diligente en responderle a Dios, jamás perderé mis mejores oportunidades.

Cuando Dios sopló sobre aquella creación de barro, estaba soplando los códigos de la Gloria Superior que el primer Adán despreció por vivir bajo la razón y los sentidos. Esto le trajo la muerte definitiva.
Dios le había advertido que le convenía vivir por los códigos de la Gloria Superior, o si no moriría; Otros despreciaron Pedro aceptó.

Repita: Soy diligente en responderle a Dios, jamás perderé mis mejores oportunidades.

Para hacernos más que vencedores para siempre en Cristo Jesús.
La Pérdida es una maldición, y el camino para obtenerla, es despreciar el Árbol de la Vida. Pero el camino de la Prosperidad y el Éxito solo se alcanza creyéndole a Dios, y comiendo del Árbol de la Vida.

Este activa los códigos muertos que el pecado sepulta y no los deja fructificar. Los códigos de vida son como pozos o conductos de vida que el pecado, con el paso del tiempo ha tapado.
Repita: Soy diligente en responderle a Dios, jamás perderé mis mejores oportunidades.

Y yo también te digo, que tú eres Pedro, y sobre esta roca edificaré mi iglesia; y las puertas del Hades no prevalecerán contra ella.

El Primer Adán, Caín, Can, Lot, Esaú, los diez espías que dudaron de Dios, Saúl, Júdas, Barrabas, Ananías y Safira, Anás y Caifás; todos estos y muchos más están en la lista de perdedores, porque no quisieron pasar a la historia; despreciaron las mejores oportunidades.

Pedro cuando recibió la oportunidad de pasar a la historia dejo la barca y siguió a Jesús, cambio la pérdida por la una vida victoriosa y firme como la roca.

Repita: soy diligente en responderle a Dios y no perderé ninguna de mis oportunidades.

Oración.

Padre, en el nombre poderoso de Jesús   Se destapan totalmente los pozos de bendición profética para mi vida. Renuncio al conformismo y a la mediocridad. Ahora mismo comienzan a fluir el agua viva de la palabra profética confesada en mi vida, mi familia y mi ministerio.

Declaro que le creo a Dios, y mi vida pasara a la historia. Por nada del mundo perderé esta oportunidad.

Aceptare el reto de cambio, de la vida inestable a la vida firme.

Lo creo ahora mismo en Jesús.
Amén...

 **Día 29**

Capítulo Especial P.G-29

Jehová había dicho a Abram: "Vete de tu tierra, de tu parentela y de la casa de tu padre, a la tierra que te mostraré." Génesis 12:1

Verdad Profunda.

Abraham y Saraí tenían grandes problemas matrimoniales porque ellos no podían tener hijos, y de esto hace más de cuatro mil años. En esa época el no tener hijos era una gran vergüenza, se podía tener dinero , fama, animales y hacienda, pero si no se tenía hijos se convertía en una gran vergüenza pública.

Para Saraí era una vergüenza, y aun para Abraham era un tormento no tener descendiente a quien darle su herencia, y por ello todo su trabajo y esfuerzo lo estaba amontonando para dárselo a un esclavo.

Esta situación para este matrimonio era un gran tormento, hasta el día que Dios le visito con una extraordinaria palabra. Dios quiso sacarlos de perdedores a ganadores.
Entre más grande y extremados sean tus problemas, mayor será la manifestación de la gloria ganadora de Dios en ti, porque el éxito en Dios no depende de cuánto tiene, de cómo te sientes, ni de tu condición,. Éxito depende de lo mucho que Dios predestino para ti en su Libro Eterno. Dios te hizo genuino Ganador.

Cuando Dios te habla

Por lo general, Dios te trae la palabra de ganador a través de una palabra de fe, y usted le conviene creer esta palabra profética. Aunque las condiciones que este viviendo no se asemejen con lo que el eterno le está diciendo, a usted le conviene creer lo que Dios le ha dicho y aceptarle así como un niño cree las palabra de su padre. Es necesario atreverse a creerle a Dios.

Creer en que la Condición en que Estás no es la Verdadera

Lo primero que usted tiene que entender es que Dios no fue quien le ha introducido en el dolor y en el fracaso. El causante fue todo el pecado de este mundo, por lo tanto es necesario atreverse a creerle a Dios.

Usted nunca puede acostumbrares a perder, porque Dios le ve ganando, triunfando y creyéndole a Dios. Porque todo lo negativo que hasta hoy usted ha vivido es temporal. Usted verá la gloria de Dios en su vida, en su familia y en el resto de sus generaciones.

La maldición de perdida que a usted le ha atormentado ha sido derrotada a través de la palabra profética y de la sangre del cordero. Usted no es cualquier cosa, porque usted está predestinado para ganar. Todas las pérdidas que usted ha vivido son mentira. Dios puso sus ojos en usted y le ha predestinado para que usted vea su gloria.
Tu pasado quedara a tras, porque en ti esta el Poder de la Resurrección. Así como la palabra que Dios le dijo a Abraham, hoy corta la muerte, el fracaso y la derrota. Es necesario que entiendas que, hoy es tiempo de un nuevo comienzo a través de la Palabra Profética.

- La voz de Dios te trae vida, la voz de Dios te trae esperanza.

- La voz de Dios te trae luz porque usted está predestinado para ganar.

Oración Profética

Ahora mismo me levanto en el nombre de Jesús
creyendo a tu poderosa Palabra
Sé que mi vida está escrita por tu mano,
estoy bajo el manto de tu supremo llamamiento
y el cumplimiento de tu palabra gracia esta sobre mí.
Gracias Dios eterno porque sé que en los días venidero
veré tu manto de poder y gloria
y tengo toda la seguridad,
de que estoy
Predestinado(a) para Ganar
Amen...!!!

 Día 30

Capítulo Especial P.G-30

En el principio era el Verbo, y el Verbo era con Dios,
y el Verbo era Dios. Este era en el principio con Dios.
Todas las cosas por él fueron hechas, y sin él nada
de lo que ha sido hecho, fue hecho.
En él estaba la vida, y la vida era la luz de los hombres.
La luz en las tinieblas resplandece,
y las tinieblas no prevalecieron contra ella.
Juan 1:1-5

Verdad Profunda.

Tienes una asignación especial y sobre natural que cumplir es esta tierra, es necesario que te levantes en fe y en el poder creativo de la palabra y resistas el espíritu de desprecio y rechazo. Porque, *"quien más te desprecie, es quien más te necesita..."*

Tienes una asignación sagrada que cumplir en esta tierra

Jesús le dijo: Mujer, créeme, que la hora viene
cuando ni en este monte ni en Jerusalén adoraréis al Padre.
Vosotros adoráis lo que no sabéis; nosotros adoramos lo que
sabemos; porque la salvación viene de los judíos. Juan 4:21-22

174

Jesús le aclaro a la mujer samaritana, que el pueblo de Israel había sido escogido para su venida al mundo, pero como usted lo sabe, la ignorancia hizo que ellos rechazaran a Cristo y se pusieran de acuerdo con el gobierno romano para rechazar al Cristo. Hasta hoy están sufriendo las consecuencia de la desobediencia, por eso están en un continua guerra, dolor y persecución.

"Quién más te necesita es quién más te desprecia..."

¡Jerusalén, Jerusalén, que matas a los profetas, y apedreas
a los que te son enviados! ¡Cuántas veces quise juntar a tus hijos,
como la gallina a sus polluelos debajo de sus alas, y no quisiste!
He aquí, vuestra casa os es dejada desierta; y os digo
que no me veréis, hasta que llegue el tiempo en que digáis:
Bendito el que viene en nombre del Señor. Lucas 13:35

Es necesario que seas firme y fuerte, Que perseveres con amor, porque todo es una guerra, todo es una batalla. El espíritu de rechazo se activa y maldice con dolor y destrucción a todo aquel que te desprecia.

Es necesario que seas perseverante ante la presión del enemigo, porque estas Predestinado para Ganar.
Debes tener bien claro y entender que la incomprensión es algo normal y nadie te puede entender sentimentalmente hablando.

¿No es éste el carpintero, hijo de María, hermano de Jacobo,
de José, de Judas y de Simón? ¿No están también aquí con nosotros
sus hermanas? Y se escandalizaban de él. Mas Jesús les decía:

No hay profeta sin honra sino en su propia tierra,
y entre sus parientes, y en su casa. Y no pudo hacer allí ningún
milagro, salvo que sanó a unos pocos enfermos, poniendo sobre ellos
las manos. Y estaba asombrado de la incredulidad de ellos.
Y recorría las aldeas de alrededor, enseñando. Mar 6:3-6

Si alguien te desprecia y no te entiende, particularmente aquellas personas que antes te conocieron, no te detengas.

Cristo a pesar que muchos en Nazaret, no creían en Él, Jesús persevero y derroto el desprecio. No se puso a contender con quien no le entendía.

La Escritura Sagrada dice, que siguió adelante y persevero. Fue a las aldeas de su alrededor y allí levanto a sus discípulo. Por cada persona que te desprecie habrá alguien de fe que siempre estará pendiente de ti, te oirá y te seguirá.

Después llamó a los doce, y comenzó a enviarlos de dos en dos;
y les dio autoridad sobre los espíritus inmundos. Y les mandó
que no llevasen nada para el camino, sino solamente bordón;
ni alforja, ni pan, ni dinero en el cinto,
sino que calzasen sandalias,
y no vistiesen dos túnicas
Mar 6:7-9

Persevera y cumple tus asignaciones divinas, porque tu final será lleno de gloria y de poder.

El primer día de la semana, María Magdalena fue de mañana,
siendo aún oscuro, al sepulcro; y vio quitada la piedra del sepulcro.
Entonces corrió, y fue a Simón Pedro y al otro discípulo,
aquel al que amaba Jesús, y les dijo: Se han llevado del sepulcro
al Señor, y no sabemos dónde le han puesto.
Y salieron Pedro y el otro discípulo, y fueron al sepulcro
Corrían los dos juntos; pero el otro discípulo corrió más aprisa
que Pedro, y llegó primero al sepulcro. Y bajándose a mirar,
vio los lienzos puestos allí, pero no entró.
Luego llegó Simón Pedro tras él, y entró en el sepulcro,
y vio los lienzos puestos allí, y el sudario,
que había estado sobre la cabeza de Jesús,
no puesto con los lienzos, sino enrollado en un lugar aparte.
Entonces entró también el otro discípulo,
que había venido primero al sepulcro; y vio, y creyó.
Porque aún no habían entendido la Escritura, que era necesario que él
resucitase de los muertos. Y volvieron los discípulos a los suyos.
Pero María estaba fuera llorando junto al sepulcro;
y mientras lloraba, se inclinó para mirar dentro del sepulcro;
y vio a dos ángeles con vestiduras blancas, que estaban sentados
el uno a la cabecera, y el otro a los pies, donde el cuerpo de Jesús
había sido puesto. Y le dijeron: Mujer, ¿por qué lloras?
Les dijo: Porque se han llevado a mi Señor, y no sé dónde
le han puesto. Cuando había dicho esto, se volvió, y vio a Jesús
que estaba allí; mas no sabía que era Jesús. Jesús le dijo: Mujer,
¿por qué lloras? ¿A quién buscas? Ella, pensando que era el
hortelano, le dijo: Señor, si tú lo has llevado,
dime dónde lo has puesto, y yo lo llevaré.
Jesús le dijo: ¡María! Volviéndose ella, le dijo: ¡Raboni!
(que quiere decir, Maestro). Jesús le dijo: No me toques,

*porque aún no he subido a mi Padre; mas ve a mis hermanos,
y diles: Subo a mi Padre y a vuestro Padre, a mi Dios y a vuestro Dios.
Fue entonces María Magdalena para dar a los discípulos las nuevas
de que había visto al Señor, y que él le había dicho estas cosas.
Cuando llegó la noche de aquel mismo día, el primero de la semana,
estando las puertas cerradas en el lugar donde los discípulos
estaban reunidos por miedo de los judíos, vino Jesús,
y puesto en medio, les dijo:
Paz a vosotros.*

Juan 20:1-19

Siempre el capítulo final de alguien Predestinado para Ganar esta cargado de gloria, poder y estabilidad.

Nunca la maldición del Espíritu de Rechazo prevalecerá ante el propósito, porque toda persona que camina en obediencia y creyéndole a Dios, se le abren las puertas de la Gracia, del Amor y de la Misericordia. Por lo tanto llega un momento extraordinario, en donde seguro te desprecian. Pero allí mismo; Dios te levanta en alto.

Declare de todo corazón:

*Hoy me levanto en el Poder de la Palabra y declaro
que nada ni nadie me separar del Propósito de Dios para mi vida.
Que nada me robara el Gozo y la Paz,
porque yo definitivamente
he sido Predestinado para Ganar...!!*

 Día 31

Capítulo Especial P.G-31

"Haya, pues, en vosotros este sentir que hubo también en Cristo Jesús
Filipenses 2:5

Verdad Profunda.

El perfecto modelo a seguir es el de nuestro hermano mayor, Señor y Dios Jesucristo, seguir cada paso su ejemplo, cada una de sus enseñanza en todo momento y situación nos muestra que si se puede experimentar plenamente en esta tierra lo extraordinario de la gloria superior.

Conoce el Poder de la Humildad
Nada hagáis por contienda o por vanagloria; antes bien con humildad, estimando cada uno a los demás como superiores a él mismo. Filipenses 2:3
Y estando en la condición de hombre, se humilló a sí mismo, haciéndose obediente hasta la muerte, y muerte de cruz.
Filipenses 2:8
El ejemplo de humillación de nuestro Señor Jesús no lo ha hecho ni vivido nadie que ha pasado por este mundo, soportar el desprecio, el rechazo, el abuso y la ignorancia del pueblo que él quería ayudar, eso es algo inentendible para la mente humana.

También el mundo espiritual, Jesucristo estaba haciendo todo lo contrario al diablo, el cual su ejemplo era todo lo contrario, es decir, un mundo de rebelión total en contra de la voluntad del Padre Eterno.

Ser presentador de la verdad es algo fuera de lo común y contrario a esta sociedad, muchas veces solo por amor usted tiene que soportar, porque solo humildemente podemos rescatar personas que su aptitud es de ignorancia. Por eso Jesús dijo:

> *Bienaventurado los mansos porque ellos recibirán*
> *la tierra por heredad,*

La altivez de espíritu hace que se pierdan los logros, porque el mejor ejemplo de cómo se recoge la cosecha es a través de la humillación. La soberbia es contraria al propósito, porque Dios, al altivo lo mira de lejos y Él da gracia a los humildes.

ANDANDO POR EL CAMINO DE LA OBEDIENCIA
Haciéndose obediente hasta la muerte, y muerte de cruz. Filip. 2:8
En el mundo espiritual para saborear las grandes victorias es necesario quebrantar la desobediencia. La sociedad donde vivimos es la sociedad que cuestiona todo.

Este mundo está dirigido por la mentira y el engaño, su plataforma es de rebelión y de la trampa para obtener las cosas, por lo tanto es necesario, levantarnos en fe y obedecer a Dios sin cuestionar nada, respetando su Amor, su Palabra.

❖ Usted no necesita entenderlo todo para alcanzar la Gloria Superior, pero si necesita obedecerlo todo.

❖ Usted necesita serle fiel a Dios en todo, creyendo su palabra y haciendo todo lo que se le diga sin quitarle ni ponerle.

❖ Usted necesita no solamente obedecer a Dios, sino también a las autoridades espirituales que Dios le ha puesto, por esto la escritura dice:

Créele a Dios y estás seguro, créele a sus profetas y serás prosperados.

Obedezca a Dios aunque parezca contrario todo pero obedezca porque este es el verdadero camino a la recompensa. Jesucristo fue obediente en todo. Ese fue su pasaporte perfecto a la Gloria Superior.

ANDANDO POR EL CAMINO DE LA MUERTE A TU YO

Filip. 2:12 *Por tanto, amados míos, como siempre habéis obedecido, no como en mi presencia solamente, sino mucho más ahora en mi ausencia, ocupaos en vuestra salvación con temor y temblor,*
Filip. 2:13 *porque Dios es el que en vosotros produce así el querer como el hacer, por su buena voluntad.*
Filip. 2:14 *Haced todo sin murmuraciones y contiendas,*
Filip. 2:15 **para que seáis irreprensibles y sencillos, hijos de Dios sin mancha en medio de una generación maligna y perversa, en medio de la cual resplandecéis como luminares en el mundo;**

Una de las palabras que conocemos, y que Jesucristo enseño respecto al modelo de la Oración es: Hágase tu voluntad en la tierra como en el cielo. Estas palabras fueron decretadas , motivado a las grandes batallas de los humanos. La guerra es contra su Yo. A usted le conviene tomar su cruz, a usted le conviene ser plenamente obediente, y no le conviene cuestionar a Dios.

Pida al Espíritu Santo que le de fuerza y carácter, porque para usted mismo es un gran peligro confiar en su propia fuerza.

Es necesario creerle a Dios y morir para poder vivir. Si morimos a nosotros mismos y aceptamos plenamente al Visión de Dios para nuestras vidas, y su obra a través de nosotros; definitivamente veremos la exaltación de Dios en nuestra vidas.

> *Jesús les respondió diciendo:*
> *Ha llegado la hora para que el Hijo de Hombre sea glorificado.*
> *De cierto, de cierto os digo, que si el grano de trigo*
> *no cae en la tierra y muere, queda solo;*
> *pero si muere, lleva mucho fruto.*
> *El que ama su vida, la perderá; y el que aborrece su vida*
> *en este mundo, para vida eterna la guardará.*
> *Si alguno me sirve, sígame; y donde yo estuviere,*
> *allí también estará mi servidor. Si alguno me sirviere,*
> *mi Padre le honrará. Ahora está turbada mi alma; ¿y qué diré?*
> *¿Padre, sálvame de esta hora? Mas para esto he llegado a esta hora*
> *Padre, glorifica tu nombre. Entonces vino una voz del cielo:*
> *Lo he glorificado, y lo glorificaré otra vez.*
> Juan 12:23 -28

CONOCE EL PODER DE SUJECION

"El cual, siendo en forma de Dios, no estimó el ser igual a Dios como cosa a que aferrarse." Filipenses 2:6

Hay asignaciones que usted le conviene hacer, no porque lo entienda sino porque es una asignación divina que ya Dios le asigno.

Jesús demostró plena sujeción a la voluntad del eterno creador, es necesario ser firmes y fuertes en la fe, no cuestionando a Dios,

<u>**Jesús antes de partir de este mundo**</u>
Volvió a decirle la segunda vez: Simón, hijo de Jonás,
¿me amas? Pedro le respondió: Sí, Señor; tú sabes que te amo.
Le dijo: Pastorea mis ovejas. Le dijo la tercera vez:
Simón, hijo de Jonás, ¿me amas? Pedro se entristeció
de que le dijese la tercera vez: ¿Me amas?
y le respondió: Señor, tú lo sabes todo;
tú sabes que te amo.
Jesús le dijo:
Apacienta mis ovejas.
Juan 21:16-17

De cierto, de cierto te digo:
Cuando eras más joven, te ceñías, e ibas a donde querías;
mas cuando ya seas viejo, extenderás tus manos,
y te ceñirá otro, y te llevará a donde no quieras.
Juan 21:18

CONOCE EL PRINCIPIO DE SERVIR
Sino que se despojó a sí mismo, tomando forma de siervo, hecho semejante a los hombres. Filipenses 2:7
Servir a Dios es muchas veces contradecirá la cultura ególatra en la que nacimos y donde fuimos educados para que nos sirvan, no para servir. Es necesario aprender de todo corazón a servir a Dios, despojándonos de nuestros propios intereses y vivir para el interés de Dios; este es el verdadero camino de la exaltación.
Tomar *forma de siervo*, es hacer todo lo que Dios le diga. Esto es servir

con profundidad, sin cuestionar nada. No cometa el error de llevarle la contraria a Dios. Sírvale de todo corazón y vera la exaltación, y la manifestación de la Gloria Superior.

EL PODER DEL QUEBRANTAMIENTO PROFUNDO
Por lo cual Dios también le exaltó hasta lo sumo, y le dio un nombre que es sobre todo nombre, para que en el nombre de Jesús se doble toda rodilla de los que están en los cielos, y en la tierra, y debajo de la tierra; y toda lengua confiese que Jesucristo es el Señor, para gloria de Dios Padre. Filipenses 2:9-11
Conocer el camino del quebrantamiento del alma es uno de los secretos más poderosos para entrar en el camino de la Gloria Superior. Todas las personas que han logrado éxito poderoso en esta tierra, es porque han sido totalmente quebrantada su alma para que fluya la plenitud de vida poder y gloria desde dentro de ellos.

Ejemplo de Quebrantamiento
Así se quedó Jacob solo; y luchó con él un varón hasta que rayaba el alba. Y cuando el varón vio que no podía con él, tocó en el sitio del encaje de su muslo, y se descoyuntó el muslo de Jacob mientras con él luchaba. Y dijo: Déjame, porque raya el alba. Y Jacob le respondió: No te dejaré, si no me bendices. Y el varón le dijo: ¿Cuál es tu nombre? Y él respondió: Jacob. Y el varón le dijo: No se dirá más tu nombre Jacob, sino Israel; porque has luchado con Dios y con los hombres, y has vencido. Génesis 32: 24-:28
La vida de Jacob nunca fue la misma después de este profundo quebrantamiento. Después de esta extraordinaria experiencia su vida nunca más fue igual.
Este fue el gran ejemplo de nuestro Señor Jesucristo como modelo

para que alcancemos la gloria superior, Jesucristo en los momentos más difíciles, acepto el quebrantamiento

El ejemplo de nuestro Señor Jesucristo, y de los grandes héroes de la fe fue de una vida completamente quebrantada delante de Dios que siempre término muriendo a sus apetitos personales y aceptando una completa actitud de rendimiento delante de Dios.

El Propósito del Padre

Es necesario creerle a Dios y obedecer su palabra de todo corazón.

El ejemplo de nuestro Señor Jesucristo fue, es y será por siempre el modelo de la gloria superior.

Dios le dio un Nombre que es sobre todo nombre, para que en el nombre de Jesús se doble toda rodilla de lo que está en los cielos, en los aires, en la tierra, en las aguas y debajo de la tierra.

Le recomiendo a usted que siga el modelo de plena obediencia de Jesucristo, practique su total obediencia, dele pleno lugar a la voluntad de Dios para su vida, entonces usted experimentara la exaltación del eterno Padre Creador.

Nunca permita que por nada del mundo, el que usted pierda la visión perfecta del propósito de Dios para su vida.

Seguir las pisadas de amor y servicio con perseverancia y fe le dará como resultado; el experimentar la Gloria Superior desde ahora y para siempre. Amén.

Declaración de Fe

Dios todopoderoso
en el nombre de Jesucristo,
me humillo totalmente delante de tu presencia
aceptando de todo corazón el camino justo , limpio y sagrado
de la Gloria Superior. Renuncio al camino de la altivez,
de la rebelión contra Dios y contra su Palabra.
Renuncio a todo programa contrario a tu palabra.
Creo en tus planes y en tu agenda.
Haz tu perfecta voluntad en mi vida
desde ahora y para siempre.
Amen...

Epilogo.

Apóstol doctor Marcelino Sojo.

Despierta; tú mañana de gloria; ha comenzado.

La vida del patriarca Jacob es un vivo ejemplo de lo que es una vida predestinada para ganar, y que su vida estaba escrita por la mano de Dios, Jacob enfrento muchas dificultades y problemas, pero perseveró, por la fe aunque aparentemente todo parecía contrario, pero en el poder de la palabra venció, y logró cambiar la historia de la tierra.

¡Despierta tu mañana de gloria ha comenzado!. Estás predestinado para ganar.

Isaac rogó a Jehovah por su mujer, que era estéril. Jehovah accedió a su ruego, y Rebeca su mujer concibió. Como los hijos se empujaban dentro de ella, dijo: Si es así, ¿para qué he de vivir? Ella fue a consultar a Jehovah, y Jehovah le dijo: Dos naciones hay en tu vientre, y dos pueblos que estarán separados desde tus entrañas. Un pueblo será más fuerte que el otro, y el mayor servirá al menor. Génesis 25:21 al 23.

Desde que estaba en el vientre de su madre Jacob fue librado de la muerte, al igual que usted ha sido protegido por el Dios quien lo escogió desde la eternidad, para cumplir, una asignación especial en esta tierra, Dios lo protegió, Dios le cumplió; no falló ni una sola de sus palabras, Dios es Dios que cumple promesas.

¡Despierta tu mañana de gloria ha comenzado!. Estás predestinado para ganar.

Las fuerzas malignas no lo pudieron matarle ni destruirle en el vientre de su madre, y fue porque estaba al igual que usted predestinado para ganar, era un escogido para la vida, había para él una agenda superior, fue protegido milagrosamente; sobre ti también hay un manto divino que te protege y no le dejara hasta que cumpla cada palabra escrita en su diseño para usted.

¡Despierta tu mañana de gloria ha comenzado!. Estás predestinado para ganar.

A pesar que cuando nació no lo reconocieron conforme a la visión de Dios y le colocaron un nombre contrario al propósito de Dios, Jacob pudo derrotar toda presión negativa, que llegaba a su cabeza porque estaba predestinado al igual que usted para ganar, por lo tanto.

¡Despierta tu mañana de gloria ha comenzado!. Estás predestinado para ganar.

Déjese dirigir por su mentor.

Jacob se dejó guiar por su madre, ya que Dios le había dicho cuando él estaba en su vientre, que era una persona al igual que usted predestinada para cumplir el propósito divino; y sin dudar una sola palabra Jacob, se dejó guiar, hizo los pasos correctos, fue obediente y acepto la bendición de su primogenitura. Como te llamen no es lo importante, lo lindo es el pensamiento de Dios a tu favor; lo que Dios ha dicho de ti desde antes de la fundación del mundo. Dios siempre asigna a alguien para ayudarte a crecer, obedece y avanza, no cuestiones nada, la mentoría de Rebeca fue clave para que Jacob recibiera la bendición predestinada.

¡Despierta tu mañana de gloria ha comenzado!. Estás predestinado para ganar.

Rebeca habló a su hijo Jacob diciendo: He aquí, he oído a tu padre que hablaba con tu hermano Esaú, diciendo: "Caza para mí y hazme un potaje para que coma y te bendiga en presencia de Jehovah, antes de mi muerte." Ahora pues, hijo mío, obedéceme en lo que te mando: Vé al rebaño y tráeme de allí dos buenos cabritos; y yo haré con ellos un potaje para tu padre, como a él le gusta. Tú se lo llevarás a tu padre; y comerá, para que te bendiga antes de su muerte. Jacob dijo a Rebeca su madre: He aquí que Esaú mi hermano es hombre velludo, y yo soy lampiño. Quizás me palpe mi padre y me tenga por un farsante, y traiga sobre mí una maldición en vez de una bendición. Su madre le respondió: Hijo mío, sobre mí recaiga tu maldición. Tú solamente obedéceme; ve y tráemelos. Entonces él fue, tomó los cabritos y se los trajo a su madre. Y ella hizo un potaje como le gustaba a su padre. Génesis 27:6 al 14.

¡Despierta tu mañana de gloria ha comenzado!. Estás predestinado para ganar.

Tu misión es más poderosa que la envidia.

Después de haber recibido la palabra profética de la boca de su padre, el cual le entregó la bendición de Abraham su hermano quería matarlo, pero Dios lo guardo, como lo ha guardado a usted.

¡Despierta tu mañana de gloria ha comenzado!. Estás predestinado para ganar.

La profecía es tu documento de gloria superior.

El se acercó y lo besó. Y al percibir Isaac el olor de su ropa, lo bendijo diciendo: He aquí, el olor de mi hijo es como el olor del campo que Jehovah ha bendecido. Dios te dé del rocío del cielo y de lo más preciado de la tierra: trigo y vino en abundancia. Que los pueblos te sirvan, y las naciones se postren ante ti. Sé señor de tus hermanos, y póstrense ante ti los hijos de tu madre. Sean malditos los que te maldigan, y benditos los que te bendigan. Génesis 27:27 al 29.

Cada palabra que soltaba el anciano Isaac sobre Jacob, hoy mismo se activan sobre tu vida, es necesario que seas detallistas y la proveches con todo tu corazón y fe:

1. Eres un huerto fructífero; la esterilidad y la pobreza nunca será parte de tu vida, siempre darás frutos.
2. Recibiré el roció del cielo: la paz y la frescura de Dios siempre te acompañarán.
3. Lo más pircado de la tierra: Oro, plata y todo tipo de sobre abundancia.
4. Trigo y vino: el hambre y la miseria nunca te acompañarán.
5. Que los pueblos te sirvan: Tienes el don de mando con tu misión histórica asignada por el padre desde antes de la fundación del mundo.
6. Las naciones se postran: todo demonio, cada potestad, cada fuerza maligna queda sometida bajo tus pies.
7. Tienes la comisión de abrir una brecha histórica en tu familia y ser de ejemplo sobre todo lo que lleve tu apellido.
8. Eres bendición o juicio al mismo tiempo este predestinado para ganar, tu vida está escrita por la mano de Dios.

¡Despierta tu mañana de gloria ha comenzado!; Estas predestinado para ganar.

Jacob tuvo que salir de su hogar y enfrento algunas incomodidades, pero cada lucha y prueba, cada incomodidad que se le presentaba siempre la derrotó, Jacob estaba respaldado por una agenda eterna; cada oposición que se le presento la derrotó; ya que los designios divinos en el siempre fueron superior, a cualquier resistencia maligna.

¡Despierta tu mañana de gloria ha comenzado!. Estás predestinado para ganar.

La voz profética es más importante, que cualquier recurso humano.

Entonces Isaac llamó a Jacob, lo bendijo y le mandó diciendo: No tomes esposa de entre las mujeres de Canaán. Levántate, vé a Padan-aram, a la casa de Betuel, padre de tu madre, y toma allí mujer de las hijas de Labán, hermano de tu madre. Que el Dios Todopoderoso te bendiga, te haga fecundo y te multiplique hasta que llegues a ser multitud de pueblos. Que él te dé la bendición de Abraham, lo mismo que a tu descendencia, para que poseas la tierra en que habitas, la cual Dios ha dado a Abraham. Génesis 28:1 al 4.

No te desespere descansa en la palabra.

¡Despierta tu mañana de gloria ha comenzado!. Estás predestinado para ganar.

Jacob se recostó en la piedra y pudo soñar y vio la escalera de conexión divina donde los ángeles subían y los ángeles bajaban, y de pronto comenzó a oír la voz del eterno creador que le decía lo que estaba escrito de él desde antes de la fundación del mundo.

Y he aquí que Jehovah estaba en lo alto de ella y dijo: Yo soy Jehovah, el Dios de tu padre Abraham y el Dios de Isaac. La tierra en que estás acostado te la daré a ti y a tu descendencia. Tus descendientes serán como el polvo de la tierra. Te extenderás al occidente, al oriente, al norte y al sur, y en ti y en tu descendencia serán benditas todas las familias de la tierra. He aquí que yo estoy contigo; yo te guardaré por dondequiera que vayas y te haré volver a esta tierra. No te abandonaré hasta que haya hecho lo que te he dicho. Génesis 28:13 al 15.

Hasta ese día Jacob lo que había experimentado, era rechazos, amenazas, acusaciones pero lo grande de todo esto era que él había sido predestinado para cosas extraordinarias, ahora Dios mismo se lo decía, así como te lo ha dicho a ti.

¡Despierta tu mañana de gloria ha comenzado!. Estás predestinado para ganar.

Aprovecha el tiempo de tu visitación.

Dios mismo le decía detalle tras detalles de su agenda para con él, era la gran oportunidad de apegarse a la gloria superior, era su momento como ahora es el tuyo. Todas las personas predestinadas tienen un día histórico, día de gloria, día de despertar, día donde todo se aclara, día donde no te lo cuentan Dios te dice lo grande que ha determinado hacer contigo.

Jacob despertó de su sueño y dijo: ¡Ciertamente Jehovah está presente en este lugar, y yo no lo sabía!

El tuvo miedo y dijo: ¡Cuán temible es este lugar! No es otra cosa que casa de Dios y puerta del cielo. Génesis 28:16 y 17.

¡Despierta tu mañana de gloria ha comenzado!. Estás predestinado para ganar.

No es un sueño es una realidad.

Jacob dijo: Dios ha estado conmigo y yo no lo sabía, lo había guardado, lo había protegido desde el vientre de su madre, el debía estar muerto y Dios lo había protegido. Dios lo saco adelante, hoy quiero que sepas que lo que estas recibiendo no es un sueño es una realidad eres la persona escogida:

Pídele perdón a Dios por que siempre ha estado contigo y no lo habías valorado, siempre te ha protegido estas predestinado para ganar. No es un sueño es una gran verdad, cada palabra es real, todo estás listo, ha llegado el tiempo de tu cumplimiento, estas predestinado para ganar. Hoy es tu tiempo, despierta.

¡Despierta tu mañana de gloria ha comenzado!. Estás predestinado para ganar.

Disfruta la gloria superior.

Jacob despertó de su sueño y dijo: ¡Ciertamente Jehovah está presente en este lugar, y yo no lo sabía! El tuvo miedo y dijo: ¡Cuán temible es este lugar! No es otra cosa que casa de Dios y puerta del cielo. Génesis 28:16 y 17.

Jacob reconoció que su vida estaba envuelta en una gloria sublime es decir en el poder de su presencia. Todo era realidad. Todo lo que Dios te ha dicho es verdad; eres la persona escogida, Dios siempre ha estado contigo.

- Dios siempre te ha protegido.
- Dios siempre te ha librado de tus enemigos.
- Dios siempre te guardó como la niña de sus ojos.
- Dios siempre ha estado contigo.

Despierta tu mañana de gloria ha comenzado.

La única razón por la cual usted está vivo y libre de peligros es porque usted está predestinado para ganar, y usted esta escogido desde antes de la fundación del mundo para cumplir una misión extraordinaria en esta tierra, por lo tanto:

¡Despierta tu mañana de gloria ha comenzado!. Estás predestinado para ganar.

Jacob se levantó muy de mañana, tomó la piedra que había puesto como cabecera, la puso como memorial y derramó aceite sobre ella. Génesis 28:18.

Despierta tu mañana de gloria ha comenzado. Aquella mañana de gloria Jacob determinó aprovechar el momento histórico que estaba viviendo. Despertó de su sueño, se levantó de mañana y determino reconocer era el momento más importante de su vida, para vivir la gloria superior, era el momento de crecer, era el momento   de salir adelante era el momento de reconocer que la palabra profética era para él y que no podía perder la oportunidad. Era el momento de reconocer que él estaba predestinado para ganar.

Te aconsejo que no pierdas tu momento histórico que estás viviendo, despierta tu mañana de gloria ha comenzado.

Jacob aprovecho el momento histórico que estaba viviendo y se levantó, levántese usted también, nunca te quedes contando el sueño, vívelo, disfrútalo, experiméntalo estas predestinado para ganar; despierta tu mañana de gloria ha comenzado.

Jacob el calumniado, Jacob el perseguido determino aprovechar el momento histórico que le estaba tocando, Dios le había confirmado todo lo que él sentía en su espíritu él era la persona escogida, su vida estaba escrita por la mano de Dios, era un momento histórico para su vida y para siempre, no podía al igual que usted perder esa extraordinaria oportunidad, por lo tanto despierta tu mañana de gloria ha comenzado.

Jacob levantó la piedra, es decir creyó la palabra al igual que usted con todo su corazón, propuso creerle a Dios, este levantó la piedra y determinó pasar a las historia, al igual que usted, por nada del mundo se deje distraer, despierta, tu mañana de gloria ha comenzado.

Usted Dios le ha revelado muchas cosas, usted sabe que está predestinado para ganar, el momento histórico de su vida es ahora por lo tanto despierta tu mañana de gloria ha comenzado, es tu momento, levántate toma la palabra, llegó tu hora.

Jacob se levantó muy de mañana, tomó la piedra que había puesto como cabecera, la puso como memorial y derramó aceite sobre ella. Génesis 28:18.

En este momento histórico de tu vida, donde usted sabe que está predestinado para ganar es necesario que usted se pacte con Dios, porque lo que usted tiene no se compara con lo grande que Dios le tiene. Por lo tanto: has voto con Dios; tu mañana de gloria ha comenzado.

Jacob derramo el aceite, el cual representaba su sustento en el viaje, Jacob determinó, casarse con la palabra profética, y derramo aceite, presento una ofrenda de verdadero sacrificio, y este hombre experimento un tiempo nuevo, porque él sabía que estaba predestinado para ganar.

Ese día Jacob paso a la historia, ese día nació a una nueva identidad, ese día rompió el complejo, aceptó los códigos eternos que Dios había dicho de él desde antes de la fundación del mundo; ese día Jacob paso a la historia, ese día le cambio el nombre a su camino.

Y a aquel lugar le puso por nombre Bet-el, aunque Luz era el nombre anterior de la ciudad.

El nombre luz allí no es la luz de Dios, ni la luz que usted conoce, allí es la palabra hebrea abadone; que significa: hades, o infierno.

Jacob, rompió con el tormento que vivía su vida porque se apego a la gloria superior; Jacob el día de que se despertó le puso un nombre a su casa para siempre; Jacob dijo no viviré en un infierno; viviré de ahora en adelante con Mi BetEl; esto El Dios de mi casa.

Hoy tu vida pasa a la historia y usted se apega a la gloria superior todo cambiara para ti porque que estas predestinado para ganar.

Después de ese día:

1. **Encontró un pozo de conexión divina**.

Jacob emprendió su camino y llegó a la tierra de los orientales. Entonces vio un pozo en el campo, y he aquí que tres rebaños de ovejas estaban recostados cerca del mismo, porque de aquel pozo daban de beber a los rebaños. Había una gran piedra sobre la boca del pozo. Génesis 29:1 y 2.

2. Encontró a su esposa.

Estando él aún hablando con ellos, llegó Raquel con el rebaño de su padre, porque ella era la pastora. Y sucedió que al ver Jacob a Raquel hija de Labán, hermano de su madre, y al rebaño de Labán, hermano de su madre, se acercó Jacob y removió la piedra que estaba sobre la boca del pozo y dio de beber al rebaño de Labán, hermano de su madre. Jacob besó a Raquel, y alzando su voz lloró. Jacob dijo a Raquel que él era pariente de su padre y que era hijo de Rebeca. Y ella corrió y dio las noticias a su padre. Génesis 29:9 al 12.

3. Dios le dio un hijo gobernante y alto gerente mundial. Le dio a José.

Y aconteció que cuando Raquel dio a luz a José, Jacob dijo a Labán: Déjame ir a mi lugar, a mi tierra. Génesis 30:25.

4. Confronto el espíritu de robo y opresor de Laban.

Dame mis mujeres y mis hijos por quienes he trabajado para ti, y déjame ir. Tú conoces el trabajo que yo he realizado para ti. Labán le respondió: Por favor, si he hallado gracia ante tus ojos... He visto que Jehovah me ha bendecido por tu causa. Y añadió: Señálame tu salario, y yo te lo pagaré. El respondió: Tú sabes cómo he trabajado para ti y cómo ha estado tu ganado conmigo. Pues poco tenías antes de que yo viniera, y ha crecido abundantemente. Jehovah te ha bendecido con mi llegada. Ahora, ¿cuándo he de trabajar yo también por mi propia casa? Él le preguntó: ¿Qué te daré? Jacob respondió: No me des nada. Pero si haces para mí lo siguiente, volveré a apacentar y a cuidar tus ovejas: Yo pasaré hoy en medio de todo tu rebaño, poniendo aparte toda oveja pintada o salpicada de diversos colores y todo cordero de color oscuro; y de entre las cabras las salpicadas de diversos colores y las pintadas. Eso será mi salario. Así será constatada mi honradez en el futuro, cuando tomes en cuenta mi salario: Toda cabra que no sea pintada o salpicada y toda oveja que no sea de color oscuro, que esté conmigo, será considerada como robada. Labán dijo: ¡Bien! Que sea como tú dices. Génesis 30:26 al 34.

5. Dios le dio la estrategia de la multiplicación.

Entonces Jacob tomó varas verdes de álamo, de avellano y de castaño, y descortezó en ellas mondaduras blancas, descubriendo la parte blanca de las varas. Después puso las varas que había descortezado frente a las ovejas, en las pilas de los abrevaderos de agua donde iban a beber las ovejas, porque éstas se apareaban allí cuando iban a beber. Las ovejas se apareaban delante de las varas, y después parían corderos listados, pintados y salpicados de diversos colores. Entonces Jacob apartaba los corderos y dirigía la vista del rebaño hacia lo listado y a todos los que en el rebaño de Labán eran de color oscuro. Así hizo para sí un rebaño propio, y no los ponía con el rebaño de Labán. Y sucedía que cada vez que se apareaban los animales robustos, Jacob ponía las varas delante de ellos, en las pilas, para que se aparearan mirando las varas. Pero cuando venían los animales débiles, no ponía las varas. De este modo, los débiles eran para Labán, y los robustos para Jacob. Así prosperó muchísimo el hombre; y tuvo muchas ovejas, siervas, siervos, camellos y asnos. Génesis 30: 37 al 42.

6. Dios lo defendió y le recordó lo que haría con Él.

Vosotras sabéis que he trabajado para vuestro padre con todas mis fuerzas, y que vuestro padre me ha engañado y que ha cambiado mi salario diez veces. Pero Dios no le ha permitido que me hiciera daño. Si él decía: "Los pintados serán tu salario," entonces todas las ovejas parían pintados. Y si decía: "Los listados serán tu salario," entonces todas las ovejas parían listados. Así Dios quitó el ganado de vuestro padre y me lo dio a mí. Y sucedió que en el tiempo en que se apareaban las ovejas, alcé mis ojos y vi en sueños que los machos que cubrían a las hembras eran listados, pintados y jaspeados. Entonces el ángel de Jehovah me dijo en sueños: "Jacob." Yo dije: "Heme aquí." Y él dijo: "Por favor, alza tus ojos y mira cómo todos los machos que cubren a las ovejas son listados, pintados y jaspeados; porque yo he visto todo lo que Labán te ha hecho. Yo soy el Dios de Betel, donde tú ungiste la piedra y me hiciste un voto. Levántate, sal de esta tierra y vuelve a la tierra de tu nacimiento." Génesis, 31: 6 al 13.

7. Dios le restauro sus orígenes le dio el nombre correcto y le redimió de un nombre de maldición.

Jacob se quedó solo, y un hombre luchó con él hasta que rayaba el alba. Como vio que no podía con Jacob, le tocó en el encaje de la cadera, y el encaje de la cadera se le dislocó mientras luchaba con él. Entonces el hombre le dijo: ¡Déjame ir, porque ya raya el alba! Y le respondió: No te dejaré, si no me bendices. Él le dijo: ¿Cuál es tu nombre? Y él respondió: Jacob. Él le dijo: No se dirá más tu nombre Jacob, sino Israel; porque has contendido con Dios y con los hombres, y has prevalecido. Entonces Jacob le preguntó diciendo: Dime, por favor, ¿cuál es tu nombre? Y él respondió: ¿Por qué preguntas por mi nombre? Y lo bendijo allí. Jacob llamó el nombre de aquel lugar Peniel, diciendo: "Porque vi a Dios cara a cara y salí con vida." Génesis 32:25 al 30.

8. Dios le dio paz con su hermano.

Alzando Jacob sus ojos miró, y he aquí que Esaú venía con los 400 hombres. Entonces él repartió sus hijos entre Lea, Raquel y sus dos siervas. Puso a las siervas y a sus hijos delante, después a Lea y a sus hijos, y al final a Raquel y a José. El mismo pasó delante de ellos y se postró en tierra siete veces, hasta que se acercó a su hermano. Esaú corrió a su encuentro, le abrazó, se echó sobre su cuello y le besó. Y lloraron. Alzó sus ojos, vio a las mujeres y a los niños y preguntó: ¿Quiénes son éstos para ti? Y él respondió: Son los hijos que Dios, en su gracia, ha dado a tu siervo. Entonces se acercaron las siervas y sus hijos, y se postraron. También se acercaron Lea y sus hijos, y se postraron. Finalmente se acercaron José y Raquel, y se postraron. Entonces Esaú le preguntó: ¿Cuál es el propósito de todos esos grupos que he encontrado? Y él respondió: Hallar gracia ante los ojos de mi señor. Esaú le dijo: Yo tengo suficiente, hermano mío; sea para ti lo que es tuyo. Y Jacob respondió: No, por favor. Si he hallado gracia ante tus ojos, toma mi presente de mis manos, pues el ver tu cara ha sido como si hubiera visto el rostro de Dios, y me has mostrado tu favor. Acepta, pues, mi presente que te ha sido traído, pues Dios me ha favorecido, porque tengo de todo. El insistió, y Esaú lo aceptó. Luego éste dijo: ¡Vamos, partamos! Yo te acompañaré. Génesis, 33:1 al 12.

9. Dios le dio las 12 tribus de Israel.

Ahora bien, los hijos de Israel fueron doce: Los hijos de Lea: Rubén, el primogénito de Jacob, Simeón, Leví, Judá, Isacar y Zabulón. Los hijos de Raquel: José y Benjamín. Los hijos de Bilha, sierva de Raquel: Dan y Neftalí. Los hijos de Zilpa, sierva de Lea: Gad y Aser. Estos fueron los hijos de Jacob que le nacieron en Padan-aram. Entonces Jacob fue a Isaac su padre, a Mamre, a Quiriat-arba, es decir, Hebrón, donde habían habitado Abraham e Isaac. Génesis 35: 23 al 27.

Te he mencionado detalles de la vida de Jacob porque estoy seguro que existe una gran semejanza entre Jacob y usted, ha llegado la hora de reconocer que usted es la persona escogida para cumplir una misión mundial.

1. Jacob aprovechó su momento y ahora es tu momento; Jacob pasó a la historia, tu vida está escrita por la mano de Dios tu estas predestinado para ganar.
2. Jacob tuvo éxito sobre sus enemigos; usted también.
3. Dios le hizo derrotar la fuerza opresora de lavan; usted también.
4. Sus hijos se multiplicaron y crecieron; usted también.
5. Derrotó la maldición de contienda familiar; usted también.
6. A Jacob se le cumplió cada palabra escrita por la mano de Dios des de antes de la fundación del mundo. A usted también.
7. Jacob pasó a la historia, porque él sabía que estaba predestinado para ganar.

Y usted, también.

La voz del Espíritu Santo.

Dios me hablo viajando de Estocolmo a Londres, pude oír la voz del Espíritu Santo que me dijo: "En esta vida hay solo dos tipos de personas ganadores, y perdedores".

Esas palabras me impactaron profundamente, entendí que no nos queda ninguna otra alternativa sino la que está escrita por la mano de Dios para con nosotros, desde antes de la fundación del mundo.

Algo que me ministra profundamente es: los ganadores aprovechan el tiempo cuando Dios le llama.

Los ganadores oyen su voz y le obedecen.

Los ganadores, no dejan de perseverar en la palabra.

Los ganadores, no escatiman ningún esfuerzo con tal de agradar al que les escogió desde antes de la fundación del mundo.

Por nada del mundo usted puede anotarse a perdedor, usted aproveche este momento histórico que está viviendo, apele a la gloria superior, usted está predestinado para ganar. Su vida está escrita por la mano de Dios.

Dios escribió de ti, por eso fue que Jacob aprovecho su momento, y   David   también.
Dígame que va a hacer usted ahora, con tanta bendición divina, su hora llego; acepte su llamado, impóngase al propósito eterno, usted está predestinado para ganar; por nada del mundo pierda la visión de la agenda divina para su vida, Dios escribió su éxitos, sus triunfos. Dios le ha preparado un camino de victoria, usted no nació para el dolor usted está predestinado para ganar, usted no nació para la perdida, su vida está escrita por la mano de Dios;

aproveche este su glorioso y extraordinario momento, usted está predestinado para ganar.

Involúcrese al máximo en el propósito de Dios, no permita que nada le haga perder el tiempo; millones de vidas se han ido de este mundo sin haber honrado al Dios de la palabra y del propósito; llego tu hora, aprovecha tu momento. Cumple tu llamado, por nada del mundo permitas que otras cosas te quiten el tiempo, naciste para una vida prospera bendecida, y victoriosa, estas predestinado para ganar, tu vida está escrita por la mano de Dios.

Estas predestinado para ganar.

Made in the USA
Coppell, TX
10 January 2024

27481960R10115